はじめての苔テラリウム

園田 純寛 著

成美堂出版

心癒す苔で作る 器の中の小さな世界

部屋の中に緑があると、それだけで暮らしが潤います。
でも、水やりや手入れが大変そう。
ペットがいるので、植物を置くのは心配——。
そんな方でも手軽に楽しめるのが
透明な容器の中で植物を育てるテラリウムです。
密閉された容器や口の開いた器の中で、
植物が必要な条件が整うテラリウムは、
いわば小さな温室。
なかでも苔のテラリウムは、ほとんど手間がかからず
一年中、美しい緑を楽しむことができます。
苔には、人の心を癒す不思議な力があります。
じっと見ているだけで穏やかな気持ちになりますし、
テラリウムならフィギュアや石などを使い、
オリジナリティあふれる世界を生み出すことができます。
さぁ、遊び心を全開にして
あなただけの苔テラリウムを作ってみませんか。

ガラスの器の中に広がる、ミニチュアの世界。
じっと見ていると、今にも物語が始まりそう。

contents

PART 1 基本の植え方

PART 2 初心者でも作りやすいクローズドタイプ

column

苔——美しき地球の先住者

原始の姿を今に残して

陸上植物は5億年くらい前に、緑藻類から進化したといわれています。水から上陸した植物にとって一番の問題は、水分をどうやって取り入れるか。苔は、湿潤な環境で暮らすか、乾燥したら次の水分が得られるまでじっと眠って待つという方法を取りました。

やがて植物は進化し、水分を根から吸い上げ、栄養や水分を体のすみずみまで送る管の集まりである「維管束」という仕組みを作ります。維管束のおかげで高さ10mを超えても、生きていけるようになりました。

でも苔は、植物が陸上に暮らし始めた当初の姿を今に残しています。進化という上昇志向を抱かず、小さな体で営々と、悠久の時を生きているのです。

寄り添って生きています

苔には土から水を吸い上げるための根がありません。このため苔は、単独ではとても乾燥しやすい状態にあります。そこで彼らは、互いに身を寄せ合い、モコモコした「コロニー」を作る、という生き方を選びました。コロニーを作ることで、苔は水分を保持し、乾燥から身を守ることができるのです。

苔を見ていると平和な気分になるのは、仲間同士で支え合って静かに生きている苔の生態も影響しているのかもしれません。

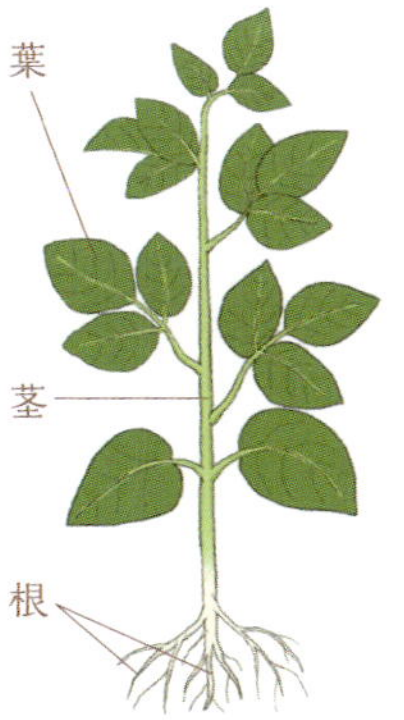

一般の植物

シダ植物や種子植物の根には、水分や養分を吸収する機能があります。茎の中には水を運ぶ導管と栄養を運ぶ師管からなる維管束を持っています。

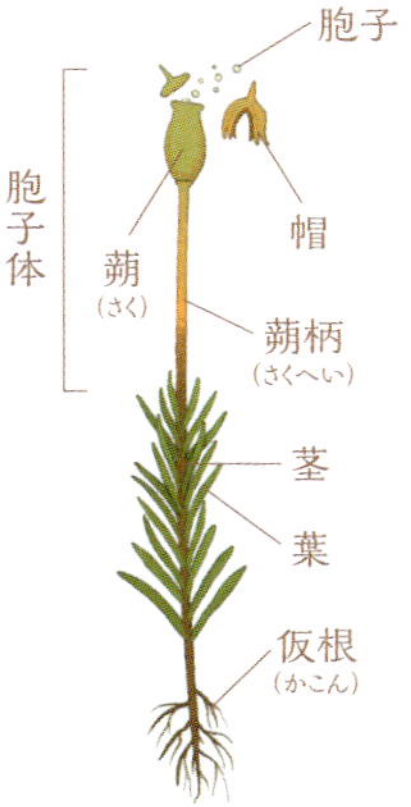

苔

茎と葉からなる単純な構造で、体を地表などに固定させるための仮根があります。花はつけず、胞子などでふえます。

私が苔に魅せられた理由《わけ》

園田純寛

気づけばいつも、彼らは私の傍らにいた。

最初の出会いは中学生の頃に観た、とあるアニメ映画だったと記憶している。背景の深山がとても神秘的で印象深く、モデルとなった屋久島を訪れたこともあった。

その後熱中したアクアリウムでは〝モス〟を生やすことに注力していたし、大学時代に所属していた登山サークルの活動では、緑色のモコモコした植物の写真ばかりやたらと撮っていた気がする。

そんなふうに幾度となく私の前に姿を現していた「苔」であるが、鈍い私は長らくその存在に意識を向けることなく過ごしていた。そう、彼らはいつだって脇役であり、私にとってもそれは同じであった。

それが突如、苔が人生の主役となって躍り出たのは、私が大学院生の頃の話である。研究テーマの一つとして、苔を提案されたことが大きな転機となった。「苔が森の生態系を支えている」というテーマに胸踊り、即決した。こうして「苔」というものの存在を意識した途端、これまで自分が無意識のうちに惹かれてきていたものの正体が、はっきりと眼前に姿を現したような気がした。

それにしても、苔の何がそんなに私を魅了してきたのだろうか。道端にいくらでも生えているような、なんてことのない植物だ。

そのヒントは恐らく、先述した映画やアクアリウムとの出会いの中にあると思っている。私は苔の作り出す空気感にまず夢中になっていたのだ。それは悠久の時の流れを感じさせ、神秘性や清澄さといった言葉で表されるような類《たぐい》のものだ。己《おのれ》の存在を感じさせることなく、そのような世界を作り上げる仕事ぶりこそ、まさに神秘ではないだろうか。

さらに「苔」そのものを意識し始めると、魅力はそれだけに留まらなくなってくる。目前3cmまで苔と「お近づきになる」と、ただの緑のカタマリが、実は微小で繊細な世界を作り、鮮やかに輝いていることに気づく。そこにあるのは「見える人にだけ見える」もう一つの世界なのだ。そんな小さな別世界が、私をことさらに魅了してやまないのである。

手のひらに乗る小さな友だち

小さくてかわいい手のひらサイズのテラリウム。
テーブルの上や身近なところに置くと心がなごみます。

テラリウムで苔を暮らしに呼び込む

湿度のある環境を好む苔は、テラリウムで育てやすい植物です。姿が小さいので、小ぶりな器で育てられる点もテラリウム向きです。

苔と出会って間もない頃は、一見、どれも似たような姿に見えるかもしれません。でも苔に親しむようになると、種類によって葉の形や色など、それぞれ特徴があることに気づくはずです。

形や色合い、雰囲気が違う数種類の苔を組み合わせることで、さまざまな風景を作ることができます。さらに石やフィギュアなどを組み合わせると、器の中に小さな世界が生まれます。

苔によって森羅万象の様相を容器の中に生み出すことができるのが、苔テラリウムの魅力。身近なところに置いて眺めていると、思わず器の中の世界に吸い込まれそうな気がしてきます。

世界を小瓶に閉じ込めて

石と苔を
組み合わせただけなのに
まるで深山の風景のよう。
小さな瓶の中に
ちょっと不思議な
世界が生まれます。

フィギュアで〝物語〟を紡ぐ

器の中にオリジナルなシーンを
作り出せるのもテラリウムの魅力。
フィギュアや石を活用し
自分だけの物語世界を作ってみては——。

←泉に見立てた鏡のそばに
鹿のフィギュアを配置し、
泉に水を飲みに来た様子を表現。

幾種類もの苔と溶岩石を組み合わせた
ダイナミックな岩肌の様相。
苔のテラリウムなら
こんな大自然の風景を部屋に持ち込めます。

目を近づけてじっと眺めると
多彩で繊細な苔の美しさに
きっと心を奪われるはず。

クローズドとオープン 2つのタイプ

初心者はクローズドから

フタ付きの容器を利用する「クローズドタイプ」とフタのない容器を利用する「オープンタイプ」には、それぞれメリットとデメリットがあります。初めてテラリウムを作る方は、作り方が簡単なクローズドタイプから始めることをおすすめします。

必ずしもフタは必要ない

苔テラリウムというと、フタが閉まった容器をイメージする人が多いようですが、必ずしもフタをする必要はありません。確かに密閉された容器の中では水蒸気が循環するため、頻繁に水やりをする必要もなく、ほぼ放置した状態で植物を育てることが可能です。しかし自然環境下とはかなり条件が違うことから、ときに多少の弊害が起きることもあります。その点を解消できるのが、「オープンタイプ」です。

column

偶然の発見から生まれたテラリウム

19世紀のイギリスで誕生

テラリウムとは、「植物にとって必要な環境を、小さな透明容器の中で完結させる仕組み」と言い換えてもいいかもしれません。その歴史が始まったのは１８２９年。イギリス人の医師ナサニエル・ウォード氏は、植物学にも熱心で、２５０００点を超える植物標本を収集していました。ときには遠い国まで出かけて植物を採集するほどの、植物オタク。ところがせっかくカリブ海の島から持ち帰って庭に植えたシダが、ロンドンの環境とは合わず、徐々に弱っていったのです。

植物だけではなく、蛾《が》の飼育もしていたウォード氏。瓶に少量の土を入れて蛾の繭《まゆ》を保存しておいたところ、ある日、土からシダの胞子が発芽しているのを発見。そこから思いつき、ガラスの容器を作って土を少量入れてシダを植えたところ、ほとんど世話をしないのにシダがどんどんふえていきました。

不思議な「ウォードの箱」

植物が元気に育つ不思議な小さなガラス容器は、「ウォードの箱」と呼ばれるように。これが、テラリウムの始まりです。この発見のおかげで、イギリスのプラントハンターたちは、世界各国から植物を生きたまま運んでこられるようになりました。

「ウォードの箱」は、陸地や地球を意味する「ラテン語」の「terra」と場所を意味する「arium」を組み合わせて「テラリウム」という名で呼ばれるようになりました。

ウォードの箱

育てられる苔の幅が広い

オープンタイプ

メリット

自然の姿を楽しめる

より自然の環境に近いので、自然環境下での成長に近い育ち方をし、その苔本来の姿を楽しむことができます。

さまざまな苔が使える

クローズドタイプでは育てにくい苔も育てられるので、使える苔の幅が広がります。

置き場所の幅が広い

熱がこもりにくいので、ある程度日が当たる場所にも置くことができ、置き場所の選択肢が広いのも特徴です。

デメリット

乾燥しやすい

フタ付きの容器と違い、オープンタイプはどうしても乾燥しやすくなります。水やりは量、頻度ともにクローズドタイプに比べて多く必要です。

安定するまでに時間がかかる

コロニーが安定するまでは、葉先が傷みやすい場合があります。葉先が傷むと水不足と思いがちですが、水を与えすぎると逆効果な場合も。新芽が充実してくると自然に改善していきます。

初心者でも作りやすい

クローズドタイプ

メリット

水やりは2～3週間に1度

容器内で湿度が保たれるため、2～3週間に1度霧吹きで水分を与えるだけで大丈夫。管理に手間がかかりません。

インテリアで活躍

フタが付いているため、虫などが出入りするリスクがなく、食卓など衛生面が気になる場所にも問題なく置くことができます。また、湿度が常に高いため、苔の葉が縮れず、常に潤ってシャキッとした状態の苔を楽しむことができます。

デメリット

本来の姿に育ちにくい

すべての苔がクローズドの環境下で健康に育つわけではなく、種類によっては、もやしのように間延びしてしまったり、仮根がたくさん出て、もじゃもじゃになってしまうこともあります。フタ付き容器の中できれいに育つ苔はある程度限られているので、種類選びが大切。p144からの図鑑を参考にしましょう。

置き場所が限定される

フタ付き容器は熱がこもりやすいので、直射日光が当たる場所では、中がサウナ状態になってしまいます。置き場所に気をつけましょう。

クローズドタイプとオープンタイプ
苔の育ち方にこんな違いが

苔の種類によっては、クローズドタイプではその苔本来の姿に育ちにくい場合があります。
特に這うタイプの苔はクローズドで育てると、苔が間延びして育つ
徒《と》長《ちょう》という現象が起こりがちです。また必要以上に仮根が出る場合があります。

コツボゴケの育ち方の違い

オープンタイプ

コツボゴケ本来の姿に
近い育ち方をする。

クローズドタイプ

葉と葉の間が長くなり、
やや間延びした姿に。

シノブゴケの育ち方の違い

オープンタイプ

繊細に枝分かれしながら、
やや立ちながらも這うように育つ。

クローズドタイプ

這わずに直立する。枝分かれが
少なく、所々から仮根が出る。

PART

1

基本の植え方

苔テラリウムの基本の作り方

まずは器に1種類の苔を植える
基本の植え方をマスターしましょう。
苔には、ある程度背が高くなるもの
這うようにしてふえるものなど
育ち方にいろいろなパターンがあります。
それぞれの苔の性質によって
植え方も多少、異なってきます。
テラリウムによく使う代表的な
数種類の苔の植え方を覚えておけば
複雑な作品や大きな作品を手がける際も
応用がききます。
また、苔の下ごしらえ、土の調合などは
すべてのテラリウムに共通します。
基本の植えつけにチャレンジしながら
苔と仲良くなるところからスタート。

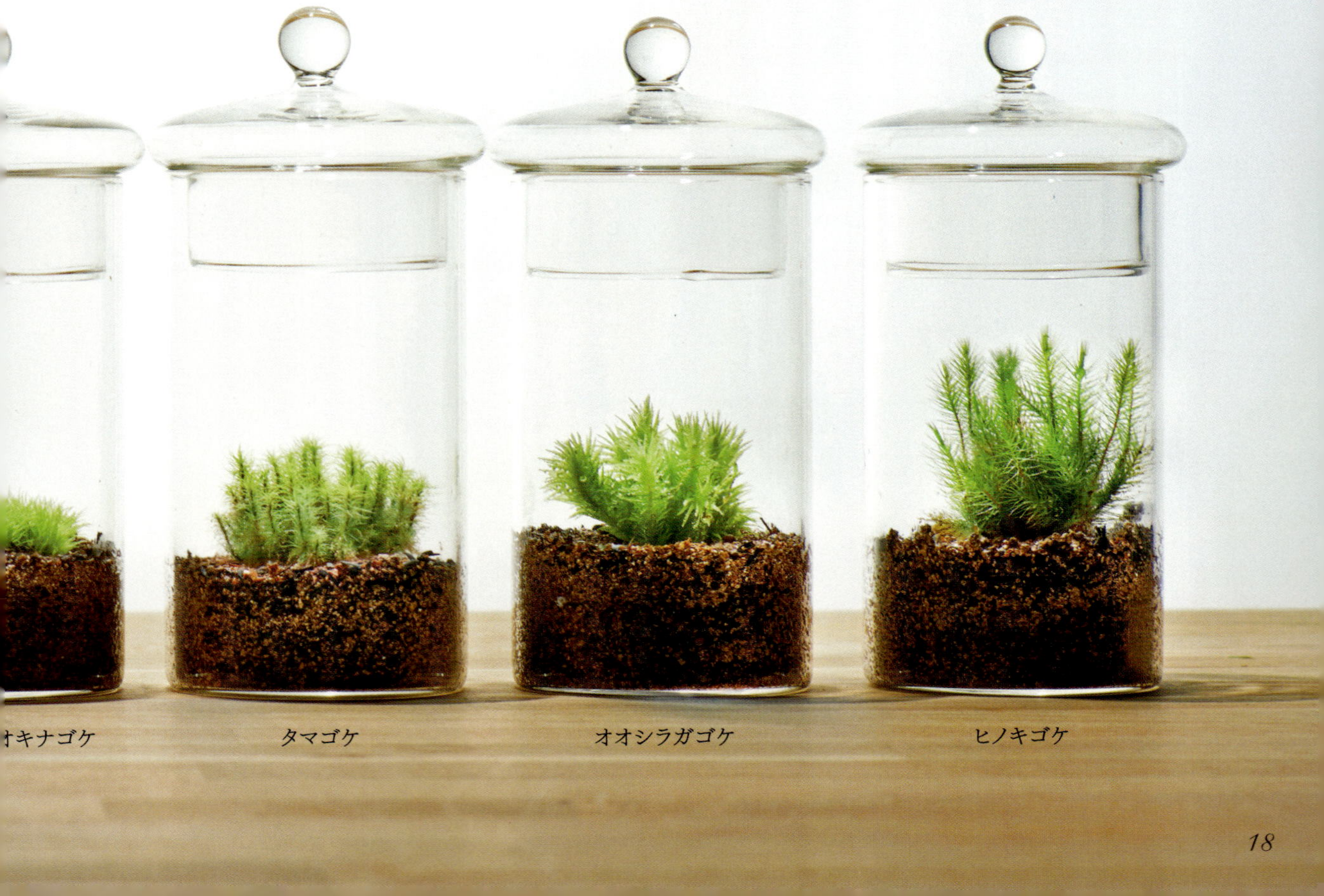

苔に触れ、苔そのものの魅力や性質を、
存分に味わってください。
下の写真はいずれも、一つの容器に
1種類の苔を植えたものです。
こんなふうに並べると、
標本のような楽しみ方もできます。
オリジナルのラベルを貼るのも、おすすめ。
ラテン語の学名を知りたい場合は、
p144からの図鑑を参照してください。

1

苔はどうやって入手するの？

通信販売でも購入可能

苔が静かなブームを呼んでいることもあり、最近は園芸店や大型ホームセンターなどでも、パックに入れた状態で苔を売っています。また、苔の専門業者から通信販売で購入することもできます。

季節や天候によって販売している苔の種類は変動しますが、通信販売などを利用すると、何種類もいっぺんに入手できるメリットがあります。

通信販売で送られてくる苔のパックの例。

採取する際はマナーを守り〝おすそ分け〟の精神で

苔は街中や野山など、いたるところで見つけることができます。森の中を探せば、普段なかなか目にすることのできない苔をみつけられるかもしれません。

自然採取のメリットは、どのような環境で育っているのか、自分の目で確かめることができる点。栽培するうえでの、参考になるでしょう。

ただし、山からごそっと大量に採ってくるといったマナー違反は、絶対にしないように。コロニーすべてを採ってしまうと、もうその苔はそこに生えなくなる可能性もあります。テラリウムに使う苔の量は、ほんのわずかです。自然界から〝おすそ分けしてもらう〟感覚で、節度を持って最低限の量を持ち帰るようにしましょう。

また、国立・国定公園の特別保護地区や、自然環境保全地域内では、植物の採取は禁じられています。

苔の生産者

栃木県日光市の生産者モス・プランの圃場《ほじょう》で、出荷を待つ苔。パックトレイやポットで販売しており、通信販売も行っています。昼夜の寒暖差が大きく霧が発生しやすい日光は、苔の栽培に向いている環境。

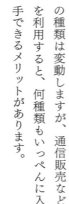

2 テラリウムに向くのはどんな器？

透明であればどんな器でも

テラリウムの器には、「これでなくてはいけない」という決まりはありません。透明で、苔を植える作業が行える形状のものであれば、極論すればなんでも使うことが可能です。

リサイクルガラスなど色がついているものだと、光が充分に中を通らず、光合成が効率的に行えなくなる場合があります。透明度がなるべく高いものを選ぶようにしましょう。

アクリルなどプラスチック製の容器も、使えないわけではありません。ただし傷がつきやすく、長期間紫外線に当たると変色するものもあります。

口の広さで乾燥度が変わる

オープンタイプの場合は、開口部の大きさと容積の関係によって、苔の乾燥の度合いが違ってきます。湿気をなるべく中に留めたいなら、ある程度、口が狭いもののほうが効果的です。

奥の3点のように金属が使われている器の中には、金属部分が錆《さ》びやすいものや、水漏れするものもあります。そういう器を使う場合は、内側をコーキング（p123参照）するなど防水のためにひと手間かけたほうが安心です。

3 基本の道具

ピンセットは必需品

苔テラリウムを作ったり育てるために必要な道具は、そう多くはありません。ただ小さな植物を小さい器に植えるため、一般的な園芸に比べると、繊細な作業に対応する道具が必要です。

太めのピンセットは苔をある程度束で植えるときに、細めのピンセットは1本ずつ植える場合や、ホソバオキナゴケなどの小さな苔を植えるときに使います。

道具は使い勝手で選ぶ

ハサミもよく使う道具です。これもピンセット同様、先端が細く、苔を1本ずつ切れるものを選びましょう。刃が細くてカーブしている反りハサミも便利です。錆《さ》びにくいステンレス製がおすすめです。

一般のガーデニングのシャベルや移植ゴテに当たるのがスプーンです。器の形によって、幅の狭いもの、やや大き目のものなどを使い分けます。

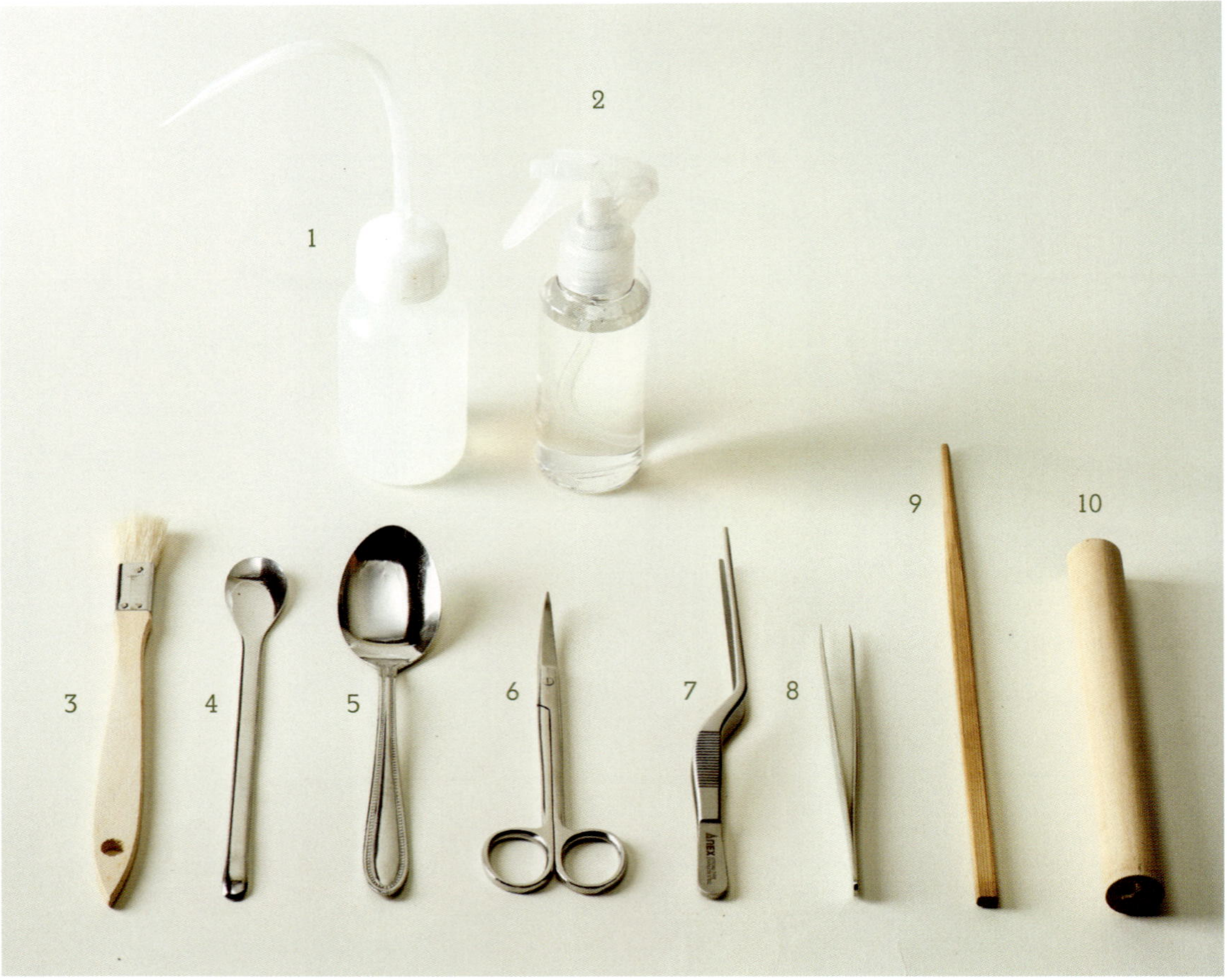

1 水差し　2 霧吹き　3 ハケ　4 スプーン（幅狭）　5 スプーン（幅広）
6 細身のハサミ（反りハサミや精密ハサミなど、刃がカーブしているものが使いやすい）
7 ピンセット（太め）　8 ピンセット（細め）　9 割りばし　10 木の棒（土を整えるのに使用）

ピートモス

ミズゴケ類やその他の植物が泥炭化したものを、脱水、粉砕したもの。

焼成赤玉土

粒状の形態をしている土。粒の大きさはいろいろだが、苔テラリウムに使う場合はなるべく小さな粒のものを。

もみがらくん炭

もみがらを低温でいぶし、炭化させたもの。

バーミキュライト

蛭石《ひるいし》を700°C以上で焼いたもの。

4 基本の用土を調合

機能と見た目を両立させる

苔テラリウムに向く用土は、粒子が細かく植えつけやすいもの、菌が増殖しにくく清潔なもの。傾斜をつけるなど、造形的な工夫を施すには、ある程度固まりやすい性質も必要です。

基本となるのは、園芸でよく使われる赤玉土。苔テラリウムの場合は、焼成赤玉土のように、できるだけ粒が細かく焼いたものを選びましょう。赤玉土に同量のバーミキュライトを加えると、キラキラ光り、見た目が美しくなります。バーミキュライトは高温で焼いてあるため、衛生面でも安心です。

基本の割合は4:4:2:1

ピートモスはクッション性があるので、混ぜると苔が植えやすくなります。有機物ですが、菌が繁殖しにくい性質があります。

赤玉土、バーミキュライト、ピートモスの割合は、4:4:2が基本。そこにできれば1の割合でもみがらくん炭を加えましょう。くん炭を入れると、藻が生えるのを防ぐことができます。

基本の用土（調合済みの用土）

赤玉土、バーミキュライト、ピートモス、もみがらくん炭を4:4:2:1で調合した用土。適度に保水性、通気性があり、水を加えると固まるので傾斜なども作りやすい用土です。

5 苔の下ごしらえ

菌を容器に持ち込まない

閉じられた狭い空間で育てるテラリウムの場合、菌が発生するリスクがあるため、なるべく清潔に保つことが重要です。菌を多く含む屋外の土や菌の餌になる枯れ葉などの有機物は、なるべく瓶の中に持ち込まないように処理しましょう。

土や枯れ葉を取り除く

まず植える量の苔を取り分けたら、ゴミや枯れ葉などをピンセットで取り除きます。また茶色くなった古い葉、土のついた部分などがあれば、ハサミでカットし、取り除きます。

ハサミで土が取りきれなかった場合は、少量ずつ苔を取り分け、流水でなるべく落とすようにします。苔の葉の間に土が入り込んでいる場合も、流水でやさしく洗い流しましょう。

古い葉の部分をカットする

苔の下のほうに、茶色くなった古い葉が絡むようについているので、ハサミでカットします。

土を洗い流す

通信販売で入手し、土がついた状態の苔。使う分だけ取り分け、流水で丁寧に洗って土を落とします。

6 容器に土を入れる

土は少なくても大丈夫

スプーンを使って、調合した土を適量、容器に入れます。苔は他の植物と違って深く根を張らないので、土の量が少なくても問題はありません。ただ、土に含まれた水分が容器内に蒸発し、湿度を保つ役割も果たすので、あまり量が少ないと容器内が乾きやすくなる場合もあります。

スプーンを使うと便利

写真の例はやや口が広い器なので、大きめのスプーンで土入れをします。

ここが知りたい！

土はどのくらいが適量？

土の量は、見た目のバランスで決めてかまいません。ただし、ヒノキゴケやコウヤノマンネングサのように茎が長く背が高い苔の場合、ある程度深植えしないと倒れやすくなります。その分、土はやや深めにするとよいでしょう。

7 土を湿らせる

湿らせてすぐには植えない

容器に土を入れたら、水差しで水をまんべんなく与え、全体を軽く湿らせます。そのまま1〜2分おいておくと、土全体に水が行き渡って適度に固まります。土が固まると植えやすくなりますので、ひと呼吸待つことを忘れずに。

全体を湿らせる

一ヶ所だけに水を与えるのではなく、水差しを左右に振りながら、水をかけます。土の表面がしっかり湿る程度が目安です。

ここが知りたい！

水の入れすぎに注意！

写真のように表面に水が溜まるようでは、水の入れすぎです。表面がしっかり湿っていればよく、土全体がびしょびしょだとかえって植えにくくなります。水を多く入れすぎた場合は、ティッシュペーパーの端などを浸して吸い取りましょう。

基本の苔 1

ヒノキゴケ

苔の中では背が高く、ふわふわした姿が特徴的。
存在感があり、人気の高い苔です。
クローズドで育てやすく、樹木のような風景を作ることができます。

育てやすさ
★★★

〔ヒノキゴケについて詳しくはp145を参照〕

用意するもの

容　器

高さ12cm、直径5.5cmの
フタ付きガラス容器

用　土

基本の用土

苔

ヒノキゴケ

道　具　スプーン、水差し、木の棒、ハサミ、ピンセット（太め・細め）、割りばし、霧吹き

容器に用土を入れる

Point ヒノキゴケは1㎝程度挿すので、用土はやや深めに入れるのがコツ。
全体のバランスを見て、深さを決めましょう。

スプーンを使って用土を、容器に入れる。

水差しで、全体をまんべんなく湿らせ、1～2分ほどおく。

木の棒を使って軽く押し、土を固めると、植えやすくなる。

苔を揃える

Point p24を参照して、汚れや土を落として下ごしらえをすませます。土がついている場合は水で洗い流し、高さを揃えて束ねておきます。

カットし終えたところ。

植えつける高さを考え、長すぎる場合はハサミで下部をカット。苔は茎を切っても大丈夫。

下ごしらえを終え、高さや向きを揃えて束ねた状態。

苔を挟む

Point いっぺんに植えられるのは、ピンセットで挟める量。慣れないうちはあまり多くせず、4〜5本から始めましょう。

苔の下の端がピンセットの先から出ていると、うまく挿せないので、下の端とピンセットの先端を合わせる。

上から縦にピンセットで挟む。横から挟むと、植えるときにうまく挿せない（p32参照）。

苔の向きや高さを揃え直して数本まとめて、ピンセットで挟みやすいよう根元を固めるようにしてつまむ。

苔を植える

Point 見るのと実際にやってみるのと大違いなのが、植える作業。誰でも慣れるまでは、なかなかうまくいかないものです。失敗したら抜いて、用土を整えてから再度植えましょう。

垂直に1cm以上用土の中に挿し込み、ピンセットを少しだけ開いてそっと引き抜く。大きく開くと土が崩れてしまう。

ピンセットを抜く際に苔がついてくる場合は、指か割りばしで根元を押さえるとよい。

同じような方法で、少しずつ植え足していく。

新しい芽を大切に！

ヒノキゴケの根元を見ると、小さな新芽が見つかることがあります。これから育っていく大事な芽なので、捨てずに細めのピンセットで植えていきましょう。

これから育っていく新芽。まだ先が閉じている状態。

ピンセットで根元から摘み取り、間に植えていく。

基本の苔 2

タマゴケ

黄緑色の明るい葉色と、文字通り玉のような蒴《さく》が特徴。
かわいらしく、人気の高い苔です。
夏は置き場に注意し、できるだけ涼しく過ごさせてあげましょう。

〔タマゴケについて詳しくはp146を参照〕

用意するもの

容器

高さ12cm、直径5.5cmの
フタ付きガラス容器

用土

基本の用土

苔

タマゴケ

道具 スプーン、水差し、木の棒、ハサミ、ピンセット（太め）、割りばし、霧吹き

苔と土の準備

Point 苔は汚れやゴミなどを取り、下ごしらえをします。
土がついている場合は、流水で洗い流しましょう。

下のほうの枯れた葉の部分はハサミで切り取る。

ピンセットで挟める量に分ける。10本くらいが目安。

容器に用土を入れ、水差しで水を含ませ、木の棒などで突いて軽く固めておく。

苔を植える

Point ピンセットを振りつつ土を掘り進めるようにして植えると、
土にしっかり苔が植わります。

ピンセットを抜く際は、根元を指か割りばしで押さえて。土の中でピンセットを大きく開くと土が崩れるので注意。

ピンセットを軽く左右に振りながら、土を掘り進めるようにして苔を植える。

ピンセットで根元の先端を挟んで植える（今回は苔がこんもり見えるよう、やや角度をつけて傾けて植えた）。

Attention!

ピンセットの挟み方

植えるときは、ピンセットを正しく使うことがポイント。なるべく苔の下の先端を垂直に挟むようにします。

脇から挟み、下の端とピンセットが合っていない状態。これでは、うまく植えることができません。

ピンセットの先端と苔の茎の基部の先端を合わせて、なるべく垂直に挟むのが正しいピンセットの使い方。

円形に植えていく

Point 苔の束を円形に植えていき、
隙間があいた部分に小分けした株を植えます。

隙間があいている場合は、2～3本に小分けしたものを間に植えて整えていきます。

丸い蒴《さく》がかわいい！

タマゴケを育てていると、春に球状の蒴がつくことがあります。丸くてかわいらしいので、ぜひ観察してみてください（p146参照）。蒴が茶色くなってきたら、ピンセットで抜くか、根元からハサミで切って取り除きましょう。

こんな育て方もできます

苔は自然界では、小さな苔がぎゅっと集まって「コロニー」と呼ばれる群を作って生きています。コロニーを作ることで乾燥を防ぎ、水分を保つことができるのです。苔を育てる際、その性質を利用してしっかりコロニーを作るテクニックを身につけると、テラリウムでなくても苔を育てることが可能です（p172参照）。

小さな苔

ホソバオキナゴケ

育てやすさ
★★★

みっちりと密に生え、こんもりとしたコロニーを作り
自然の中ではまるで苔の絨毯《じゅうたん》のような雰囲気。
テラリウムでも芝生のような景色を作るのに、大活躍します。

数株ずつ植えつける方法

苔の固まりを細かく分け、数株ずつ植える方法。やや難度が高く、植えつけに時間もかかりますが、デザインの自由度が高い方法です。また苔もより元気に育ちやすく、特にクローズドタイプではこちらの方法をおすすめします。

挿し苔法

貼り苔法

固まりのまま植えつける方法

苔の固まりのまま土に貼りつける方法。より簡単で、植えつけの時間も短縮できます。オープンタイプであればこちらの方法でも、元気をなくすことは少ないようです。

〔ホソバオキナゴケについて詳しくはp147を参照〕

《挿し苔法による植えつけ》

用意するもの

容　器

高さ13cm、直径6.5cmの
ガラス容器（フタはなくてもよい）

用　土

基本の用土

苔

ホソバオキナゴケ

道　具　スプーン、水差し、ハサミ、ピンセット（細め）、割りばし、霧吹き

苔を小分けする

Point 細いピンセットで挟めるサイズに小分けすることがポイント。
最初は数株から、慣れてきたら増やしていきましょう。

コロニーから数株、指で丁寧にむしり取り、土やゴミ、茶色くなった部分を取り除く。

４株ほど手に取ったところ。ピンセットで挟みやすいよう、茎の基部の部分を束ねて固めるようにしっかりとつまむ。

苔の基部の先端とピンセットの先が揃うようにし、垂直に挟む。

苔を植える

Point 垂直に植えることが重要。
サイズが小さいので、ピンセットを丁寧に使うように。

割りばしなどで苔の頭の部分を押さえ、ピンセットをなるべく開かずに抜く。

ピンセットを軽く左右に振りながら、土を掘り進めるように苔を植える。

ピンセットを垂直の状態のまま、用土の中央を目安に降ろしていく。

なるべく密に植える

Point 密に植えたほうが
仕上がりがきれいです。

なるべく隙間をあけないように植えていく。隙間にはあとから植え足すことができる。

2周分くらい植えたところ。この外側に、さらにもう1周植える。

用意するもの

挿し苔法と同じ。
容器はドロップ型を
使っています。

《貼り苔法による植えつけ》

苔を小分けし、下ごしらえをする

Point 用土になじみやすいよう、もともとの土を取り除き、
なるべく薄い状態にしておくのがコツです。

土や汚れを取り除いたホソバオキナゴケを裏返したところ。なるべく薄いほうがよい。

苔の下部をバラバラにならない程度に、ハサミで切り取り、全体的に薄くする（茶色くなっている葉やゴミも取り除く）。

手でちぎってコロニーをある程度、小分けする。大きさは写真を参考に。

苔を植える

Point
貼り苔法で植える際は、土によくなじませることが大事です。

カウボーイのフィギュアを挿して完成。
※フィギュアについてはp54、p69参照

ピンセットで横から苔を挟み、土に乗せる。

ドロップ型の容器を使用。用土が開口部からこぼれないよう薄く入れ、湿らせておく。

植え終わったら、霧吹きで全体を湿らせる。

ペタペタと押さえながら、土によくなじませる。

地下茎を持つ苔

コウヤノマンネングサ

名前に「クサ」とつくほど大きくなる苔。
茎がすっと伸び、まるでミニチュアの樹木のような姿が特徴です。
フィギュアや石と組み合わせて風景を作る際にも活躍します。

〔コウヤノマンネングサについて詳しくはp149を参照〕

用意するもの

容器

高さ14㎝、直径８㎝の
フタ付きガラス容器

用土

基本の用土

苔

コウヤノマンネングサ

道具　ハサミ、スプーン、水差し、ピンセット、割りばし、木の棒、霧吹き

苔の下ごしらえ

Point コウヤノマンネングサは地下茎で広がる性質があります。植えるときは地下茎を切り離し、1本ずつ植えます。

地下茎を少しだけ残してカット。切り取った地下茎を植えておくと、そこから芽が出る可能性があるので捨てない。

カットした様子。それぞれの株に地下茎がかなり残っている。

地下茎でつながっているので、地下茎の中央あたりをハサミでカットする。

1本ずつ植えていく

Point 背が高い苔なので、やや深めに植えるのがコツ。
浅く植えると、すぐ倒れてしまいます。

苔の下の端とピンセットの先を揃えて挟む。

ピンセットを土にすーっと挿し込むようにして植える。ピンセットを抜くときは、割りばしで根元近くの土を押さえる。

Attention!

土は多めに

コウヤノマンネングサのように背が高い苔は、浅く植えると倒れやすいので、やや深めに植える必要があります。そのため土は最低3～4cm以上の深さにしましょう。

土を固める

Point 深く植える苔の場合、土が崩れやすいので
1本植えたらそのつど土を固めます。

1本目を植え終わったところ。木の棒などを使い、まわりの土をそっと押して固める。

固め終わったところ。これで2本目を植える準備完了。以降も同じように植えるたびに軽く土を固める。

Attention!

ピンセットはそっと開く

ピンセットを勢いよく開くと苔が倒れてしまいます。割りばしで根元近くの土を押さえ、ピンセットを抜きながら、ゆっくりそっと開くように。

2本目以降を植えていく

Point 全体のバランスを見て、植える間隔や向きなどを決めます。
あまり多く植えすぎると作業中に倒したりしやすいので注意を。

今回は小さな株だったので、5本ほど植えた。大きな株の場合は、1本でも充分。

本数が増えるにしたがって植えにくくなり、先に植えたものを倒しやすいので、慎重に作業をする。

1本目の苔とのバランスを考えて、2本目を植える。

切り取った地下茎を植える

Point 下ごしらえの際、切り取った地下茎は
埋めておくと新しい芽が出る可能性があります。

あいているスペースの土に、斜めに挿し込んで埋めておく。

切り取った地下茎をピンセットで挟む。植える向きはあまり考えなくてもよい。

這うタイプの苔

シノブゴケ

細かく枝分かれし、繊細な姿が魅力的。
這ってふえていくタイプの苔なので、本来の姿を楽しむなら
オープンタイプで育てるのがおすすめ。

↑
上から
見たところ

〔シノブゴケについて詳しくはp160を参照〕

用意するもの

容　器

高さ14cm、直径8cmの
ガラス容器

用　土

基本の用土

苔

シノブゴケ

道　具　ハサミ、スプーン、水差し、木の棒、ピンセット（太め・細め）、霧吹き

苔の下ごしらえ

Point 枝葉が細かいので、ゴミなどが絡まっていることもあります。
ピンセットなどで丁寧に取り除いておきましょう。

裏返した様子。バラバラにならないように薄くする。このくらいカットできていれば大丈夫。

茶色くなった古い枝の部分をカットし、薄くする。土がついている場合は、土を洗い流す。

容器に合わせて適当な大きさに、苔をハサミでカットする。

容器に用土を入れる

Point 這うタイプの苔なので、用土は少量で大丈夫。
見た目のバランスで用土の量を決めます。

容器に用土を適量入れる。

見た目のバランスを考え、今回は2㎝ほどの用土を入れた。

水で湿らせ、木の棒などで突いて、軽く固めておく。

苔を植える

Point シノブゴケは固まりのまま植えて大丈夫。
土とうまくなじませるのがコツです。

ピンセットで挟み、土の上に乗せる。

指で苔を押さえながら、ピンセットで押し込むよう土に埋めていく。

苔の下部の茶色い部分が、見えなくなるまで埋める。植えつけ終わったら、霧吹きでしっかりなじませる。

這う姿を楽しみたいなら オープンタイプで

シノブゴケはマット状に生える苔ですが、岩などを這って育つ場合もあります。オープンタイプで岩に這わせるテクニックもあるので、詳しくはp110を参照してください。

茶色くなった葉は切り取る

Point 植えつけ後に枯れた葉を見つけたらハサミで切り取り、ピンセットで取り除きます。

ピンセット（細め）で取り除く。

茶色くなった葉は根元から刃の細いハサミで切り取る。

隙間に株を足す

Point 古い葉を切り取った後など、隙間が気になる場合は1本ずつ植え足していきます。

隙間にすっと斜めに挿し込んで植える。

茎の下の端とピンセット（細め）の先を合わせ、やや斜めに隙間の近くに持っていく。

貼りつくタイプの苔

ジャゴケ

「はびこる」からと、嫌われることも多いジャゴケ。
でも身近で眺めていると、だんだんかわいく思えてきます。
植えてしばらくフタを閉めて管理した後、フタを開けて育てるのがコツ。

〔ジャゴケについて詳しくはp166を参照〕

用意するもの

容器

高さ5cm、直径9cmの
ガラス容器（フタはなくてもよい）

用土

基本の用土

苔

ジャゴケ

道具　ハサミ、スプーン、水差し、ピンセット（細め）、霧吹き

苔の下ごしらえ

Point 見た目に美しく植えるには
小さく分けてきれいに洗って準備します。

大きな固まりのままだとハサミを入れにくいので、手で適度な大きさにちぎっておく。

裏の土をハサミで切り取る。

ハサミでは完全に土を取り除くことが難しいので、このくらい残っていても大丈夫。

葉を1枚ずつ丁寧に分けて、裏を水で洗って土を落とす。

容器に土を入れる

Point ジャゴケは上から見て楽しむので、平べったい容器が向いています。浅い容器でも大丈夫です。

容器に用土を適量入れる。

水を与えて適度に湿らせておく。

苔を1枚ずつ植えていく

Point 葉の縁を外側の方角に向け、1枚ずつサークル状になるよう外側から植えていきます。

1枚の葉をピンセットで挟んだところ。左側が葉の縁。

器の中心と縁の中間あたりに、葉の縁が外側にくるようにして置く。

1枚目に少しだけ重なるように、次の苔を置く。同様に、次々と植えていく。

放射状に植えていく

Point 屋根の瓦のように
少しずつ重ね
内側はややかぶせるように
植えるのがコツ。

中心部分も土に接するように植える。

外側から植え始め、2列サークル状に植え終わったところ。

水を与える

Point ジャゴケは乾燥すると
枯れてしまいます。
しっかり水を与え
乾燥しないように育てましょう。

植えつけ後、霧吹きや水差しでたっぷり水を与えます。植えつけ直後を除き、基本的にフタを開けて管理しますが、フタが開いていると乾燥が早く進むので、こまめに様子を見て乾く前に水を与えましょう。

Attention!

フタを閉めた状態で1週間管理

フタを閉めた状態だと仮根が早く発根するので、フタを閉めて1週間管理しましょう。ただしその後もフタをし続けると、徒《と》長《ちょう》して姿が乱れます。仮根が出て落ち着いたら、フタを開けて楽しみましょう。

※フタがない場合は、食品用ラップフィルムなどで代用できます。

1週間後

フタを閉めておくと、たった1週間で白くて細い仮根がたくさん出ます。仮根が出ると、苔の水分環境が安定します。

ミズゴケ

園芸資材の乾燥ミズゴケは知っていても、生きているミズゴケは見たことがない人も多いのでは？ 鮮やかな明るい緑色とぐんぐん伸びる姿が、苔の新しい魅力を教えてくれます。

↑
上から
見たところ

植えつけから1ヵ月

育てやすさ
★★★

3ヵ月後の
様子
↓

〔ミズゴケについて詳しくはp157を参照〕

用意するもの

道具

水差し、
ハサミ、
ピンセット、
霧吹き

容器

高さ13cm、直径10cmの
フタなしガラス容器

土台

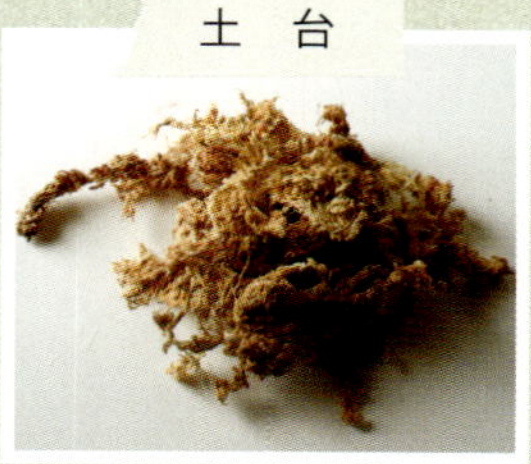

乾燥ミズゴケ

苔

ミズゴケ

1 乾燥ミズゴケを入れる

Point
水に戻した
乾燥ミズゴケを
適量、容器に
入れます。

2 ミズゴケをカットする

Point
ミズゴケは
頭から
2cmくらいの
場所で切り
上の部分を
使います。

3 ミズゴケを植える

Point 乾燥ミズゴケに乗せる感じで
まんべんなく置いていき、
最後に水差しや霧吹きで水を与えます。

できあがり

↑
上から
見たところ

風景を作るのに役立つもの

器の中にミニチュアの風景や独自の世界観を作ることができるのも、テラリウムの魅力。そんなときに役立つのが、苔と引き立て合うさまざまなアイテムです。

ミニチュアのフィギュアや石など、工夫次第でさまざまなアイテムを使うことができます。ただし、水が染み込んで腐ったりカビが生えやすいものは使わないようにしましょう。

石

苔は自然界でも、石や岩に生えている姿をよく見かけます。石と苔は相性抜群。苔と石だけでも、魅力的な風景を作ることができます。

溶岩石

火山が爆発した際に流れ出す溶岩が固まったもの。多孔質で表面に細かい凹凸があるため苔を活着させやすく、適度な保水性もあります。

石英（クォーツ）

二酸化ケイ素が主成分の石で、美しい結晶体をなすことが多く、透明感があります。なかでも特に透明度の高いものは、水晶と呼ばれます。

いろいろな石

石英、溶岩石、木が化石化したものなどたいていのものは、苔テラリウムに使えます。拾ってきた石はよく洗って使いましょう。

1 グリーンフローライト（蛍石）
2 溶岩石
3 珪化木（瑪《め》瑙《のう》化した木の化石）
4 木化石、アンモナイトの化石
5 海岸の石
6,7 石英の一種
8 ピンククォーツ
9 海岸の石

化粧砂

透明な器を使うテラリウムは、土の部分も重要な見せ所。
小石や砂利を使うことで地層のような面白さを表現することもできますし、
用土の表面を化粧砂で飾れば、表現の幅が広がります。

1 富士砂　2,3 化粧砂　4 小石　5,6 カラーサンド

貝・その他

自然界の中にも、工夫次第でテラリウムに使えそうなものがいろいろあります。
流木はカビやすいので、使うならオープンタイプのテラリウムがおすすめ。
海性のサンゴや貝は、接触した苔が傷む場合もあるので、使う際は少量にしましょう。

1 流木　2 シャコ貝の貝殻　3 サンゴの死骸
4,5 貝殻　6 ビーチグラス

フィギュア

器の中で風景を作る際に欠かせないのが、ジオラマ用のミニチュアのフィギュア。
さまざまな格好をした人々、動物、建物など、種類が豊富です。
苔テラリウムにフィギュアを取り入れることで、人々の生活や、映画のワンシーンのような風景を
表現することも可能に。クリエイティブな楽しさを満喫できます。

ジオラマ用フィギュアを使う際は、このように下に小さなステンレス釘をつけて土に挿し込みます。詳しい方法はp69を参照。

フィギュアを使った苔テラリウムの一部。右は牧草地の動物たち、左は公園か草原で新聞を読んでいる男性をイメージ。器の中に小さな世界が生まれ、ちょっと不思議な感覚を楽しめます。

さまざまなフィギュアを、実際に苔に挿してみたところ。使っている苔はホソバオキナゴケ。苔が草原か牧草地のように見えます。

かわいらしい
オオミズゴケの蒴《さく》。

column

ミズゴケのすごい力

苔というと、あまり役に立たない植物、と思われがちです。確かに、食べたり、花を愛でたり、家の材料になったりする他の植物と比べると、どうにも使い道がないような気もしてきます。

実は地味ながら役立っていることもあるのですが、なかでも「役に立つ苔」の筆頭にあげられるのがミズゴケ。ミズゴケは保水性がとても強いため、それを生かし、ランなどを育てるための園芸資材としてよく用いられます。また、ミズゴケが堆積してできた「ピートモス」と呼ばれるものは、同じく園芸資材として使われるほか、燃料に使用されることもあります。

しかし、ミズゴケの本当に大切な役割は、もっとずっと大きいものです。ミズゴケは苔という小さな生き物でありながら、地球上の温室効果ガスを最も多く蓄えている生物といわれています。

ミズゴケは光合成で空気中の温室効果ガスを取り込み、そのまま分解することなく、生育地の湿原に「ピートモス」の形で温室効果ガスを溜め続けます。こうして湿原に溜め込まれた温室効果ガスの量(炭素量)は膨大で、陸上全体の30%ともいわれています。もしこれが失われたら、大きな気候変動が起こることは間違いないでしょう。

ところがこのミズゴケ、先に述べたように経済的な価値が高いため、天然のものがどんどん採取されています。つまりミズゴケの湿原が、地球上から失われつつあるのです。

ミズゴケが採られ尽くされた世界は、どのようになってしまうのでしょう。自然採取でなく、持続可能な形で栽培化が進むことを願ってやみません。

体内に大量の水を
溜めることができるのが特徴。

PART 2

初心者でも作りやすい クローズドタイプ

始めるならまずクローズドタイプ

石にヒノキゴケ、タマゴケ、ホソバオキナゴケを組み合わせたテラリウム。

こんなふうに同じサイズのものを並べるのも、インテリアとして面白い。

器の中で完結する小さな生態系

フタを閉めた容器の中で苔を育てる方法が、クローズドタイプのテラリウムです。クローズドタイプの場合、湿った土や苔から蒸発した水分が外に逃げず容器内で循環するため、容器内の湿度を長期間保つことができます。そのため水やりを頻繁に行う必要がありません。

また容器が透明なので、光合成も順調に行われます。つまりクローズドタイプのテラリウムは、閉じられた器の中で完結する小さな生態系を作る方法と言ってもよいでしょう。

手間がかからないので初心者でも安心

湿度を好む苔にとって、常に湿度を保っておけるクローズドテラリウムは暮らしやすい場所です。多少植えつけ方がラフでコロニーがしっかりできていなくても、湿度が高いので充分育ちます。

また苔の栽培には、一般の植物のように定期的に肥料を与える必要もありません。そのためクローズドタイプの場合、適度な光さえあれば、ほぼ放置しておいても苔は勝手に生きていってくれるのです。

水やりは2～3週間に1度で大丈夫。植え方も簡単で管理に手間もそれほどかからないので、忙しい人や初めて苔を育てる人には、まずクローズドタイプから始めることをおすすめします。

なお、詳しい育て方やメンテナンスの方法はp78～81を参照してください。

気密性の低いガラスのフタがおすすめ

使う容器は、フタが閉まるもの、透明度の高いものならなんでもかまいません。ただしゴムパッキングがついている瓶など、気密性が高いものはガラスがくもってしまいます。本体とフタの間にわずかに空気が通るガラスのフタの容器が理想的です。

右ページの写真のようにガラスのフタは、中が明るくなるという点でもおすすめです。明るくなることで、見た目も美しくなるだけでなく、苔もより光合成を盛んにできるようになるため、苔が元気になります。

クローズドタイプ

作り方
1

姿と葉色のコントラストを楽しむ寄せ植え

葉色や姿形の違う4種類の苔を組み合わせコントラストを楽しむ寄せ植え。

用意するもの

容器

高さ13cm、直径6.5cmの
フタ付きガラス容器

用土

基本の用土

苔4種

①ヒノキゴケ ②コツボゴケ
③オオシラガゴケ ④ホソバオキナゴケ

道具 スプーン、水差し、ハサミ、ピンセット（太め・細め）、割りばし、霧吹き

1 土を入れる

奥が高くなるようやや傾斜をつけて、基本の用土を容器に適量入れる。

傾斜を横から見たところ。このくらいの角度が適当。

まんべんなく水を与えて土全体を湿らせ、1～2分おいて固まるのを待つ。

2 ヒノキゴケを準備する

下ごしらえしたヒノキゴケから、使う分を取り分ける。

1本ずつ分けてから、高さと向きが同じになるよう揃えて束にする。

根元をしっかりと固めるような感じで、束ねておく。

③ ヒノキゴケを植える

束ねたヒノキゴケを逆さまにし、茶色い部分をハサミでカットする。

茎の下の部分とピンセットの先を合わせ、なるべく垂直にして奥のほうに植える。

もう1ヶ所、手前にも少し植える。

④ オオシラガゴケを植える

2～3本小分けし、茎の下のほうに茶色い部分があればハサミでカットする。

奥のヒノキゴケの脇に植える。

ヒノキゴケとのコントラストが出るように、もう1ヶ所植える。

⑤ コツボゴケを準備する

茎の下のほうの茶色い部分をハサミでカットし、1本ずつ分けておく。

根元のほうを固めるような感じで、4～5本束にする。

束にした状態で、茎の下の端とピンセットの先が合うように挟む。

6 コツボゴケを植える

3種類の苔を植え終えたところ。

中央部分と左側のオオシラガゴケの前にコツボゴケを植える。

7 ホソバオキナゴケを植える

ホソバオキナゴケを細めのピンセットで挟みやすいよう、3〜4本単位にばらす。

手前のあいているところに植える。

できあがり

上から見たところ→

1. ヒノキゴケ
2. オオシラガゴケ
3. コツボゴケ
4. ホソバオキナゴケ

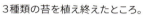

クローズドタイプ

作り方

2

小石や化粧砂を組み合わせ、土台からかわいらしく

縦長の容器を生かし、
土台に数種類の石や化粧砂を取り入れ層状に。
まるでスイーツのようなかわいらしい印象に。

用意するもの

容器

高さ17cm、直径5.5cmの
フタ付きガラス容器

用土

基本の用土

白のマルチング
ストーン

小石

乾燥
ミズゴケ

化粧砂

石英

苔3種

①ホソバオキナゴケ
②ヒノキゴケ ③タマゴケ

道具

スプーン（幅広・幅狭）、
割りばし、木の棒、
水差し、ハサミ、
ピンセット（太め・細め）、
霧吹き

1 石を層状に入れる

一番底に白のマルチングストーンを薄く入れる。

次に小石を入れる。マルチングストーンよりは多めに。

割りばしなどで表面をなるべく平らにし、なじませる。

② ミズゴケを入れる

水に戻しておいた乾燥ミズゴケを入れる。

ミズゴケはふわふわしているので、木の棒で押さえる。

③ 基本の用土を入れる

基本の用土を2～3㎝程度入れる。

割りばしで土の表面をならしておく。

木の棒で押して、全体をやや固める。

④ 石を置き、風景の土台を作る

メインとなる石英を置く。座りが悪いようなら少し埋める。

石英の後ろが少し高くなるよう、幅の狭いスプーンを使って土を足す。

土を入れ終わったら水を与えて土を湿らせ、固まるまで1～2分おく。

5 苔を植えていく

まず一番背が高いヒノキゴケを、石の横に植える。

ヒノキゴケの手前にタマゴケを植える。

6 化粧砂を入れる

タマゴケの手前に幅の狭いスプーンで化粧砂を敷く。器を傾けるとやりやすい。

7 ホソバオキナゴケを植える

サブの小さな石英を手前に置き、大きな石英との間に細めのピンセットでホソバオキナゴケを植える。

8 全体を湿らせる

植え終わったら霧吹きで、全体を湿らせる。

できあがり

1 ヒノキゴケ
2 タマゴケ
3 ホソバオキナゴケ

クローズドタイプ

作り方
3

鹿のフィギュアで
森の風景を表現

表情のある灰色の石とフィギュアを使い、岩山に住む鹿を表現。
背丈や葉の形が違う4種類の苔が
山合いに生える灌木や草のように見えます。

用意するもの

容 器

高さ14cm、直径8cmの
フタ付きガラス容器

用 土

基本の用土

化粧砂

灰色の石

苔4種

①ホソバオキナゴケ
②オオシラガゴケ ③タマゴケ
④ヒノキゴケ

鹿のフィギュア
13㎜のステンレス製の釘

道 具

スプーン（幅広・幅狭）、木の棒、
水差し、ハケ、ハサミ、
ピンセット（太め・細め）、割りばし、霧吹き

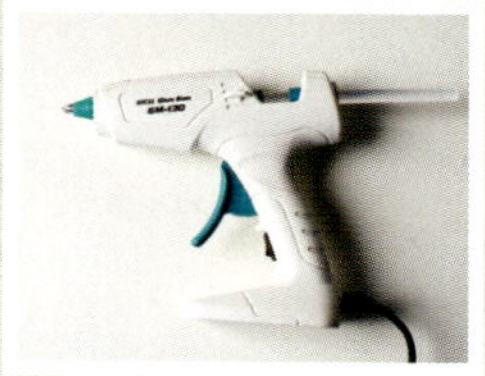

グルーガン

1 フィギュアの下準備

鹿のフィギュアのお腹の部分と釘の頭を接着する。

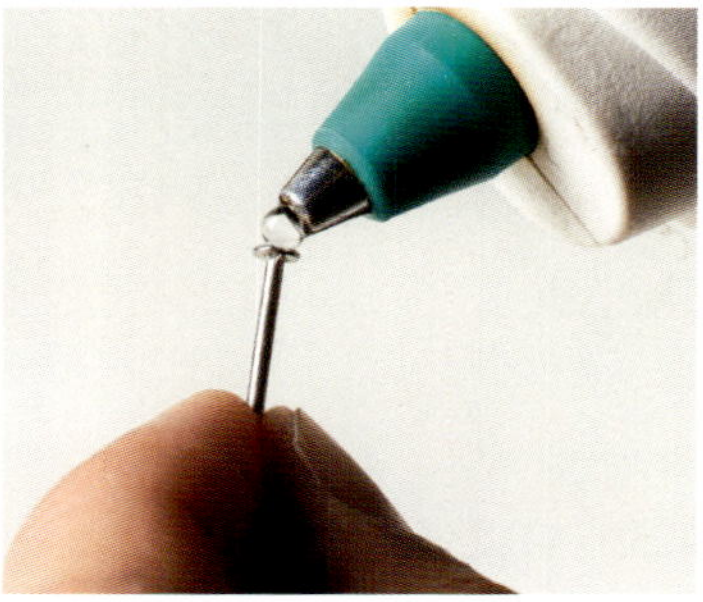

ステンレス製の釘の頭の部分にグルーガンで接着剤をつける。

② 土を入れて石をセットする

基本の用土を適量入れ、木の棒で固める。

灰色の石を配置する。大きいほうから置き、バランスを見て小さいほうを配置。

土を足して、石の後ろを高めにする。

③ 土台を整える

石に土がかぶった場合は、ハケで落としてきれいにする。

水差しで表面全体が湿る程度にまんべんなく水を与え、固まるまで1〜2分おく。

土が軟らかいようなら、木の棒で軽く固める。

④ ヒノキゴケを植える

一番背が高いヒノキゴケから、石の後ろ側に植える。

ピンセットを岩の際の土に挿し入れるように。

苔の際の土を割りばしで押さえながら丁寧にピンセットを抜く。

5 バランスを見て1本ずつ植え足す

1本ずつ植え足したいときは、細いピンセットを使うとよい。

先ほど植えたヒノキゴケのそばにもう1本植える。

石の手前にもう1ヶ所、ヒノキゴケを植える。

6 タマゴケを植える

石の手前にタマゴケを植える。

もう1ヶ所、手前のヒノキゴケの脇にタマゴケを植える。

2ヶ所にタマゴケを植え終わったところ。

植えつけ途中で失敗したら

苔テラリウムは狭い場所に植えつけをするので、慣れるまでは失敗することもあります。

多いのは苔がしっかりと挿せない、土の中でピンセットが開いて土が崩れるといった失敗。

失敗したらその部分の苔を抜き、再度きちんと土を固め直してから植え直します。

土を整える

土が崩れたら苔を抜き、へこんだ場合は土を足し、水を加えて固め直してから植え直します。

土の中でピンセットが開く

植える際はピンセットをやや緩める程度に。土の中で開くと、土が飛び散って崩れてしまいます。

⑦ オオシラガゴケを植える

オオシラガゴケは、太いので1～2本ずつ植える。

石と石の間を目安にオオシラガゴケを植える。

オオシラガゴケを植え終わったところ。

⑧ ホソバオキナゴケを植える

ホソバオキナゴケは細めのピンセットを使うとよい。

ピンセットを左右に振りながら、土を掘り進めるように植える。

4種類の苔を植え終えたところ。

⑨ 化粧砂を入れる

器を傾けるときは、傾斜の上側を下げるように傾けると石が倒れない。

⑩ 全体を湿らせる

霧吹きで全体をよく湿らせる。

11 フィギュアを挿す

ピンセットでフィギュアを挟み、釘の部分を土に挿し込む。

フィギュアの置き方によってニュアンスが変わる。

1. ヒノキゴケ
2. タマゴケ
3. ホソバオキナゴケ
4. オオシラガゴケ

作品
A

黒の溶岩石が苔のみずみずしさを引き立てるドーム型テラリウム

作品作りのポイント
Closed Type

ドーム型の器は上部に開放感があるので、広く見えます。
フタをはずすと、直に苔をじっくり観察することもでき
苔そのものの魅力を存分に味わうことができます。

使っている素材

黒い溶岩石

器のサイズ

高さ18cm、直径10cm

使っている苔

1 ヒノキゴケ
2 ホソバオキナゴケ
3 オオカサゴケ
4 オオシラガゴケ
5 タマゴケ
6 コツボゴケ

作り方のポイント

空間の開放感を生かし、やや大きめの溶岩石を使うとダイナミックに。中央の土を少し高く盛り、背が高いヒノキゴケを植えると立体感が出ます。

作品 B

階段とフィギュアで映画のワンシーンのように

茶色く大きな石英がまるで断崖のよう。
コウヤノマンネングサはヤシの木にも見えます。
大きめの器を使うことで、ここまで自由度の高い作品を作ることが可能です。

器のサイズ

高さ23cm、直径13cm

使っている素材

- a 平らな小石（階段の石）
- b 化粧砂
- c 基本の用土
- d 石英

使っている苔

- 1 ヒノキゴケ
- 2 コウヤノマンネングサ
- 3 タマゴケ

作り方のポイント

土に傾斜をつけ、石を配置したら、さらに奥に土を足して傾斜を急にします。階段は少しずつ作っていくように。化粧砂は、苔を植え終えてから入れます。

クローズドタイプの育て方

苔を育てるコツは、「居心地のよい場所を探してあげること」です。特にフタ付きのクローズドタイプのテラリウムは熱がこもりやすいため、明るく、なおかつ熱のこもらない場所を探してあげましょう。

水やり

苔は葉から水を吸うため、霧吹きで水をあげます。フタが付いているため、水が逃げにくく、水やりはあまり必要ありません。パッキング付きフタなどの密閉性の高い容器なら、1年間あげなくても干からびないこともあります。

本体とフタの間にわずかな隙間ができるような容器では、2～3週間に1度程度の水やりがよいでしょう。定期的に水を補充し、土が乾かない程度に、水浸しにはならないようにします。

水やりは霧吹きで

水やりは2～3週間に1度程度が目安。葉にかけるようにする。

置き場所

クローズドテラリウムで大きなポイントになるのが、置き場所です。基本は「屋内の直射日光の当たらない明るめの場所」。

植物なのである程度明るい場所を好みますが、フタを閉めた透明な容器の中は熱がこもりやすく、直射日光が直に当たると、中がサウナ状態になり苔が死んでしまいます。

そうならないよう、直射日光が当たらない場所に置きましょう。北側の窓辺、明るいリビング、職場のデスクなど、探せば適当な場所が見つかるはずです。

× 直射日光が当たる

中がサウナ状態になり、最悪、苔が枯れてしまうことも。太陽が直接当たる場所には置かないように。

○ 北側の窓辺・明るいリビングルーム

直射日光が当たらない明るい場所に置くように。

光が足りない場合は照明を使う

照明は熱を発するので、テラリウムの中が熱くならないよう、ある程度距離を離す。

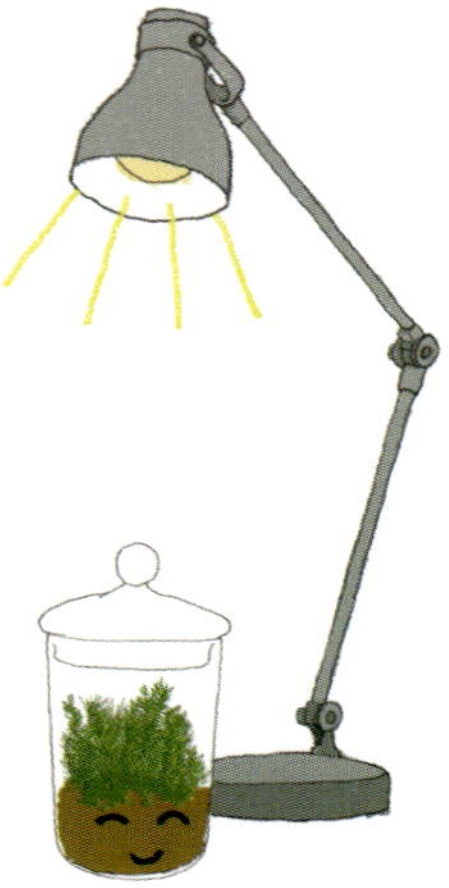

明るさ

苔は日陰のイメージが強いため、暗い場所でも育つと思われがちですが、ある程度の明るさがないと元気をなくしてしまいます。部屋の中は苔にとっては暗すぎる場所が多いので、なるべく明るい場所を心がけます。

日中読書ができる程度には明るい必要がありますので、暗い場所では、照明を使うというのも有効です。デスクライトのような普通の照明でも大丈夫ですが、照明も熱を発するので、ある程度照明から距離を離し、熱がこもらないようにします。特に白熱灯はかなり熱くなるため、避けたほうが無難でしょう。熱を持たない限り、基本的には明るいほど苔はきれいに育ちます。

夏場の管理

昨今の猛暑は室内の植物の夏越しを難しくしています。苔も例外ではなく、40℃に上がるような室内に置かれればやはり元気をなくしてしまいます。なるべく涼しい場所に避難してください。苔にもよりますが、耐えられるのはせいぜい30～35℃程度までです。

涼しい場所がない場合は、昼間冷蔵庫に入れ、夜、涼しい時間帯に冷蔵庫から出して照明を当ててあげるという手もあります。また、1ヵ月～1ヵ月半程度であればたいていの苔は冷蔵庫に入れたままでも問題ないようなので、暑い時期は冷蔵庫で避難生活、ということも可能でしょう。

冬場の管理

一方で寒さには強いです。屋内であれば凍ることはあまりないと思いますが、凍らない場所に置いてください。

冷蔵庫を利用する場合

冷蔵庫に入れている間は「生命活性が低い状態」なので、入れっぱなしでOK。ただし、夜だけ外に出して楽しむ場合は、「半日だけ生きた状態」になるので明るくする。

× 昼冷蔵庫、夜室温の暗い場所。

○ 昼冷蔵庫、夜室温の明るい場所。

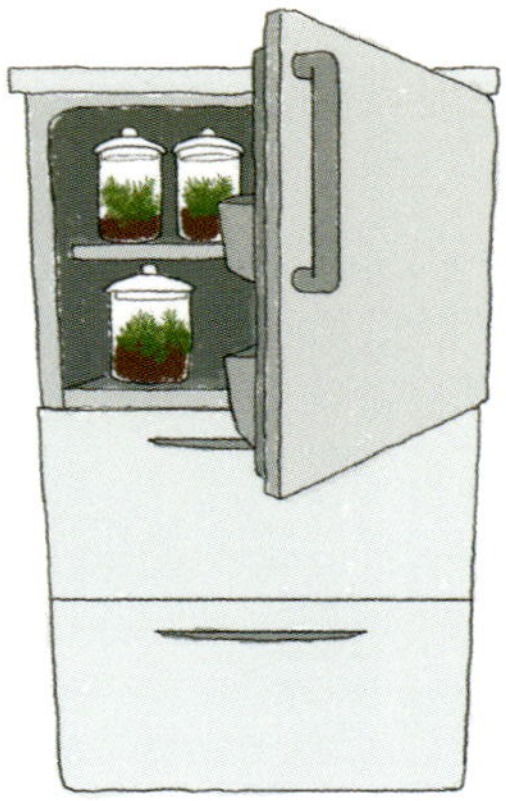

凍らない場所に置く

冬の早朝は、窓のそばはけっこう温度が下がることもあるので注意を。

クローズドタイプのメンテナンス

手間がかからないのが、苔テラリウムの魅力の一つ。とはいえできるだけ長く美しさを保つには、多少のメンテナンスも必要です。次のような点に気づいた際は、ひと手間かけてよい状態を保ちましょう。

ホソバオキナゴケのメンテナンス

芝生のようなホソバオキナゴケも、時間が経つと徐々に茎が伸び、荒れてくるため、もともとの雰囲気がなくなってきます。伸びたホソバオキナゴケは、茎をカットして挿し戻すと、元の雰囲気に近くなります。

伸びたホソバオキナゴケの様子。

茎の根元付近を1本ずつハサミで切る。刃先に曲がりのある、細いハサミを使うと作業がしやすい。

切り取った苔を取り出す。細めのピンセットを使うとよい。

同じ要領で伸びた部分をすべて切る。

切り取った苔

植わっている苔の隙間に、切り取った苔を挿し戻していく。

完成

フィギュアが埋まってきたら引き上げる

苔の成長にしたがってフィギュアが隠れてしまうことがあります。上記の方法で苔を整えるのが理想ですが、面倒な場合はいったんフィギュアを抜いて、苔の上に挿し直す簡易的な方法もあります。

作ってから半年たった状態。使っているホソバオキナゴケにフィギュアの羊が完全に埋まっている。

ピンセットでフィギュアの羊をいったん抜き、苔の上に挿し直す。釘が短い場合は、はずして長いものにつけかえてもよい。

フタを少しずらして換気すると、
そのうちくもりが解消する。

容器がくもったとき

クローズドのテラリウムはくもる場合があります。これは、容器の内側と外側の温度の差で、結露が生じるためです。このため、温度変化が大きい場所に容器を置くと、結露が起こりやすくなります。特に、密閉性の高い容器では、結露した水分の逃げ場がなく、くもった状態が一日中続いてしまいます。

くもりを取るための一番簡単な方法は、フタを開けること。写真のように少し隙間を作ると、15分もすればくもりはなくなるはずです。くもり自体は苔に影響を与えるわけではありませんが、気になったらフタを開けてあげましょう。

ただ、容器が極端に結露し、中の苔が元気をなくしているような場合は、日光やなんらかの熱源で容器の中が極端に温められている場合があるので注意が必要です。この場合、激しく結露が起こりますので、すぐに日光などの熱源の当たらない場所に移動してあげてください。

蒴《さく》は茶色くなったら切る

蒴は見た目もかわいいし、苔の生命力も感じられ、出てくるのを楽しみにしている方も多いようです。ただ、枯れるまで放置しておくと、蒴にカビが生えることも。充分楽しんだ後、茶色くなったら根元あたりからハサミで切ったほうが無難です。

蒴が丸い玉状になるタマゴケの胞子体。最初は緑色で、1ヵ月くらいかけて徐々に茶色くなる。

茶色くなった葉は切り取る

葉が茶色になる原因はいろいろ。老化の場合もあるし、体調を崩している場合もあります。いったん茶色くなった葉が緑に戻ることはありません。茶色くなった部分は、気になるようであればハサミで切り取りましょう（必ずしも切る必要はありませんが、カビが生えた場合は早めに切り取りましょう）。

一部分が茶色くなっている場合は、茶色くなっているちょっと下をカット。

部分リメイクにチャレンジ

写真は作ってから1年以上たった苔テラリウム。
3種類の苔を使っていますが、種類によっては伸びすぎたり、
一部が老化して茶色くなるなどの問題が発生し、美観をそこねています。
こういう場合は部分的にリメイクすることで、
再び美しさを取り戻すことができます。

ヒノキゴケ
伸びすぎて茶色くなり、バランスが悪い
↓
カットして仕立て直す
タマゴケ
伸びすぎ、仮根も目立つ
↓
抜いて植え直す
ホソバオキナゴケ
やや伸びすぎ
↓
少し土に挿し込む

[タマゴケのリメイク]

❶ タマゴケを抜く

ピンセットでタマゴケをコロニー（苔のかたまり）ごと抜く。

仮根が張っているので気をつけて作業し、仮根ごと取り除く。

❷ 抜いた後の土を整える

穴があいた部分に、幅の狭いスプーンで新しい土を足す。

土を足した部分に水を与えて湿らせ、割りばしなどで軽く固めておく。

❸ 植えつけ

抜いたタマゴケの茎の下部をハサミでカットし、短く整える。

固まりごと植え直す。いっぺんに植えるのが難しければ、いくつかに分割して植える。

ピンセットで挿し込み、土となじませる。

［ヒノキゴケのリメイク］

❶ ヒノキゴケをカット

前のほうのヒノキゴケは茎が伸びすぎているので、根元近くからカット。

後方のヒノキゴケも同様にカットし、ピンセットで取り除く。

切り取ったヒノキゴケのうち、成長途中のきれいな芽は植えつけに使う

老化して茶色くなりかけているものは使わない

❷ 植えつけ

カットしたきれいな芽を束ねて、根元を固める感じでしっかりと持つ。

茎の下の端とピンセットの先端が合うように挟む。

カットした場所のそばに植え足す。後方のカットした場所にも、1束植える。

リメイク完了

［ホソバオキナゴケのリメイク］

ピンセットで1本ずつ押し込む（p80の方法で整えるとなおよい）。

PART 3

苔の世界を広げる
オープンタイプ

より自然な姿の苔を楽しむオープンタイプ

大小の茶色系石英と苔10種類の組み合わせ。

ガラスのおちょこに、ホソバオキナゴケを植えて。手の平サイズのかわいいテラリウム。

大自然の中で山登りを楽しむ人を表現。溶岩石と12種類の苔でダイナミックに。

苔本来の姿を楽しみやすい

フタのない、口の開いた器で育てるのがオープンタイプのテラリウム。フタ付きの容器ほど湿度がこもりすぎることなく、適度に湿度を保つことができるため、より自然に近い環境で育てることができます。

シノブゴケやツヤゴケなど這うタイプの苔は、クローズドタイプで育てると這わずに上に伸び始め、また枝分かれもしにくくなるため、本来とはまったく違った姿になりがちです。その点オープンタイプで育てると、土や石を這うように伸びていき、自然界での様子に近い姿を楽しむことができます。

また多くの苔はクローズドタイプで育てると、葉と葉の間の茎が間延びして、ひょろっと伸びてしまう「徒長《とちょう》」という現象が起きる場合があります。クローズドでは徒長しやすい苔も、オープンタイプだと徒長せず健康な姿で育てることができます（それぞれの苔については、p144からの図鑑参照）。

育てられる苔の種類が多い

育てられる苔の種類が多いオープンタイプですが、もう一つメリットがあります。フタのないオープンタイプは、容器の中に熱がこもりにくいため、光が直接当たる場所にも置くことができます。ある程度の光量が必要な苔は、クローズドタイプでは強めの照明が必須になりますが、日を当てられるオープンタイプでは、その制約がなくなります。スナゴケなど日照が必須になる苔も含め、ほとんどの苔が育てられるといってもよいでしょう。

ただ、オープンタイプの場合は、クローズドタイプに比べ苔が乾きやすくなります。水やりの量、頻度を増やすのはもちろんですが、最も重要なのは、苔を土にしっかり植えつけるということ。植えつけの時点では、苔の背丈をなるべく低く植えるとよいでしょう。また、苔を密植させしっかりコロニーを作る必要もありますので、クローズドに比べ植えつけに技術が必要。初めての方はクローズドの制作に挑戦し、ピンセット使いに慣れてきたら、オープンに挑戦するとよいでしょう。

オープンタイプ

作り方

1

手のひらに乗る小さな‘おちょこけ’

手のひらサイズの小さな器に植えた、
かわいいテラリウム。
背の低いホソバオキナゴケが向いています。

用意するもの

道具

スプーン、水差し、
木の棒、ハサミ、
ピンセット（細め）、
霧吹き

容器

ガラス製のおちょこ
高さ6㎝、直径6㎝

用土

基本の用土

苔

ホソバオキナゴケ

❶ 土を入れる

スプーンで適量、土を入れる。

水で湿らせ、全体に水がいき渡るまで1～2分おく。

空気が入っている場合は、木の棒などで軽く突いてならす。

❷ 苔を小分けする

ピンセットで挟みやすいよう、数株に小分けする。

下のほうの茶色い部分はむしり取るか、ハサミでカットする。

フィギュアも
よく似合う！

できあがり

❸ 苔を植える

縁に近い部分は1列分くらいあけて、円を描くように植えていく。

このように植えていき、最後、真ん中を埋めるように植える。

オープンタイプ

作り方
2

宝石箱を開けるとそこは泉湧く神秘の森

用意するもの

苔７種

①ホソバオキナゴケ
②コツボゴケ
③ホウオウゴケ
④シノブゴケ
⑤ハイゴケ
⑥ヒノキゴケ
⑦タマゴケ

容　器

ジュエリーボックス
幅16cm、奥行9cm、高さ9cm

用　土

基本の用土

化粧砂

石

泉を表現する素材
ハサミやカッターで切れるミラー板

準 備

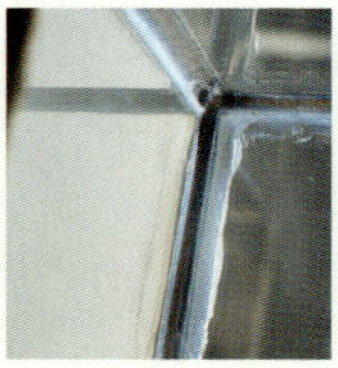

錆《さび》と水漏れ防止のため、内側の枠の縁はコーキングしておくと安心（p123参照）。

道　具

スプーン（幅広・幅狭）、ハケ、水差し、ハサミ、ピンセット（太め・細め）、霧吹き

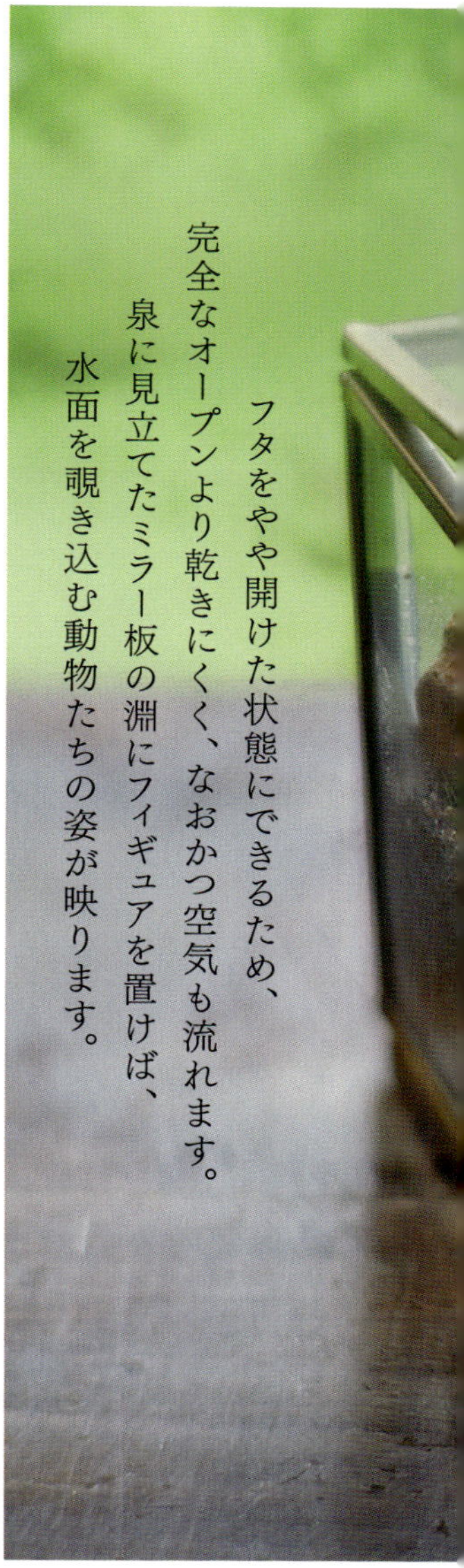

フタをやや開けた状態にできるため、
完全なオープンより乾きにくく、なおかつ空気も流れます。
泉に見立てたミラー板の淵にフィギュアを置けば、
水面を覗き込む動物たちの姿が映ります。

❶ 土を入れ、石を配置する

内側の枠の縁をコーキングした容器に、基本の用土を適量入れる。

土はまず平らに入れ、起伏は石を配置した後につける。

ある程度土を入れたら、石を配置して位置を決める。

起伏がつくよう、幅の狭いスプーンで土を足し、石の位置を微調整。

石に土がかかったら、ハケで落とす。

水を与え、全体になじんでやや固まるまで1〜2分おく。

❷ ヒノキゴケを植える

やや横向きに植える。直立で植えるより乾きにくく、自然界での本来の姿に近い。

石のそばから斜めに生えているイメージで。

バランスを見て１本に小分けしたものを足す。左奥にもヒノキゴケを植える。

③ ホウオウゴケ、タマゴケ、シノブゴケを植える

大きな石と小さな石の間に、3本くらいずつホウオウゴケを植える。

タマゴケを小さな石の脇2ヶ所に植える。

左側のタマゴケの後方に、シノブゴケを植える。

Attention!

シノブゴケの扱い方

シノブゴケは這うタイプの苔で、絡み合った状態になっています。狭い場所に植える際はバラバラにほぐし、さらにカットして束ねて植えます。

1

つながっている部分をむしるようにして、バラバラにほぐす。

2

ほぐした状態のものを、植えたい長さになるようハサミでカットする。

3

カットしたものを数本束ね、ピンセットで挟んで植える。

4 ハイゴケ、コツボゴケを植える

右の手前にハイゴケを植えていく。

泉の形に切ったミラー板を手前に置く。

白く囲んだあたりに、コツボゴケを植える。

5 泉のまわりにホソバオキナゴケを植える

6種類の苔を植え終えた状態。

泉を囲むように2～3株ずつホソバオキナゴケを植える。

すべての苔を植え終えたところ。

6 化粧砂を施して仕上げる

幅の狭いスプーンで、ところどころに化粧砂を敷く。

手前は土の断面が見えるので、ここにもアクセントで化粧砂を敷く。

霧吹きで全体を湿らせる。

泉の水を飲みに来ているイメージで、ミラー板のそばに動物のフィギュアを配置しても似合います。

できあがり

使っている苔

1. ヒノキゴケ
2. シノブゴケ
3. ハイゴケ
4. ホウオウゴケ
5. コツボゴケ
6. タマゴケ
7. ホソバオキナゴケ

オープンタイプ

作り方
3

遠近法で作品世界に広がりを

夕方、ガチョウを連れて畑から家路に向かっているのでしょうか。
器の中に、ミニチュアの暮らしが閉じ込められているようです。
道をカーブさせて遠近感を強調することで風景が広がり
この奥に何があるのか、想像力をかきたてます。

用意するもの

容器

グラス
高さ14cm、直径11cm

用土

基本の用土（右）、化粧砂（左）

苔4種

①タマゴケ　②小さめのシッポゴケ
③大きめのシッポゴケ
④ホソバオキナゴケ

道具

スプーン（幅広・幅狭）、
水差し、ハサミ、
ピンセット（太め・細め）、
割りばし、霧吹き

農夫、ガチョウのフィギュア。それぞれ釘をつけておく（p69参照）。

1 道を作る

傾斜がつくように基本の用土を入れ、水で湿らせておく。

幅の狭いスプーンを使い、化粧砂で道を作る。

遠近法を強調するため道をカーブさせ、手前を広く奥を細くする。

❷ 道のきわから苔を植えていく

道に沿ってホソバオキナゴケを植える。

手前にも草原をイメージしてホソバオキナゴケを植える。

大きめのシッポゴケを前方に植える。なるべく葉の流れの向きを揃えるときれい。

左側前方にも大きめのシッポゴケを植える。

左側奥に小さめのシッポゴケを、中央部にタマゴケを植える。

❸ フィギュアを挿す

道に農夫のフィギュアを、草原にガチョウを列にして挿す。

上から見た
ところ→

できあがり

1 ホソバオキナゴケ
2 大きめのシッポゴケ
3 小さめのシッポゴケ
4 タマゴケ

まっすぐな道も魅力的

こちらは、あえて道をまっすぐにした例。カーブさせるのとはまた違ったニュアンスが生まれます。手前は幅を広く、奥は狭くし、遠近感を強調しています。

作品作りのポイント

Open Type

作品 C

急斜面と水晶で鉱山の風景を表現

水晶の鉱山で発掘する人々の様子を表現。縦長の器の特性を生かし、急な傾斜と大きな溶岩石でダイナミックな風景が生まれました。

作り方のポイント

器が深いので、慣れないと苔を植えるのがやや難しいかもしれません。下のほうから少しずつ植えていきましょう。

横から見たところ。傾斜をつけ、溶岩石を埋め込む。p23で紹介した配合の用土は水を与えると固まるので、このくらいの傾斜をつけることが可能。

前から見たところ。水晶の下に黒系の化粧砂を入れている。

使っている苔

1 ホソバオキナゴケ
2 コツボゴケ　3 タマゴケ
4 ツルチョウチンゴケ
5 ホウオウゴケ
6 コウヤノマンネングサ
7 アオギヌゴケ
8 スギゴケ　9 シッポゴケ

使っている素材

基本の土、溶岩石、水晶、黒系の化粧砂、フィギュア

器のサイズ

高さ25cm、直径11cm

ゆるやかな起伏で牧草地を描く

作品 D

ホソバオキナゴケのきめ細かい質感を生かし、牧草地の風景を再現。
1種類の苔だけでも、ここまで豊かな表現が可能です。
羊飼いのおじいさんを眺めていると、忙しさを忘れて心が癒されそうです。

小さなものから大きな作品まで

テラリウムに欠かせないのがホソバオキナゴケ。密に生えるので芝生のような雰囲気になり、フィギュアがよく映えます。テラリウム以外でも、苔鉢で楽しむなど、応用範囲が広い苔です。

作り方のポイント

これは数株くらいずつ地道に植えていますが、オープンタイプの場合はコロニーごとペタッと貼りつけても、比較的定着しやすいはずです。石や化粧砂とのバランスを考え、オリジナルな風景を生みだしてください。

使っている苔 ホソバオキナゴケ

使っている素材 基本の土、石、化粧砂、フィギュア

器のサイズ 高さ16㎝、直径16㎝

作品 E

赤い扉が映える ホビットハウスの ある風景

器のサイズ

幅20cm、奥行11cm、高さ11cm

使っている苔

1 ホソバオキナゴケ
2 ツルチョウチンゴケ

使っている素材

基本の土、茶色の石、
石英、化粧砂、カラーサンド、
陶土の扉、フィギュア

作り方のポイント

土を上手に盛ると、ホソバオキナゴケのような背の低い苔でも、ここまで造形的な作品ができます。土は適度に水を含ませて固めながら、徐々に盛っていきます。

物語に登場するホビットたちの世界。
彼らが暮らす村の風景を、
子どもの頃の憧れそのままに
テラリウムで再現しました。
かわいらしい扉はオーブン陶土を焼いて、
色付けしたものです。

オーブン陶土って？

オーブン陶土とは、陶器を焼く温度としては低温の160〜190℃で固まる陶土のこと。樹脂などが配合されており、家庭用のオーブンで簡単に焼くことができます。色付けも自由にできるので、造形の幅が楽しめます。

作品
F

雄大な景色を360度楽しむ贅沢な大型テラリウム

大振りな溶岩石と多種類の苔を組み合わせてダイナミックに。
360度どこから見ても楽しめる大型のテラリウムです。

使っている素材

溶岩石、化粧砂

器のサイズ

高さ24㎝、直径27㎝

使っている苔

① フロウソウ
② オオシラガゴケ
③ ツルチョウチンゴケ
④ ヒノキゴケ
⑤ タマゴケ
⑥ シノブゴケ
⑦ コウヤノマンネングサ
⑧ ツヤゴケ
⑨ アオギヌゴケ
⑩ ホソバオキナゴケ
⑪ コツボゴケ
⑫ シッポゴケ

作り方のポイント

中央がやや高くなるように土を入れています。岩に囲まれた中心部は、岩を置いてからさらに土を足し、立体感を出しています。多くの種類の苔を使う際は、隣り合う苔同士の葉形や姿にコントラストがつくような配置にすると、お互いに引き立て合います。

オープンタイプの育て方

「居心地のよい場所を探してあげる」のが大切なのはクローズドタイプと同じです。オープンタイプのテラリウムは置き場所の制約が少ない反面、水やりを怠ると苔が干からびてしまいます。また、菌がやや発生しやすいため、その際はすぐに処理しましょう（ｐ１３５参照）。

水やり

基本的にはクローズドタイプの育て方と同様です。ただクローズドタイプに比べ水分が蒸発しやすいため、水やりは頻度、量ともに多くなります。容器の形状や大きさによるため一概には言えませんが、苔の様子を見て、苔が乾いて縮れ始めたら水をしっかりあげましょう。週1～2度程度が目安です。

霧吹きなどで葉に直接水を与える方法が基本ですが、霧吹きで出る水の量は少ないため、多めに水やりが必要な場合は、水差しなどで全体に水がかかるようにあげるとよいでしょう。

多めの水やりは水差しで

水やりの際水垢がつくため、ガラス面についた水滴は拭き取ったほうがよい。

置き場所

熱がこもりにくく蒸れにくいオープンタイプは、適度にお日様が当たる場所に置くこともできるため、クローズドタイプより置き場所の制約が少なくなります。適度にお日様に当てることで元気になる苔も多いため、より幅広い苔を扱うことができるのも、オープンタイプの利点です。

強い直射日光の当たらない、明るい場所に置いてあげましょう。もちろん、照明の使用も可能です。また、空調等により空気の流れが強い場所では乾燥が進みやすいので、あまりにも乾燥が早い場所は避けたほうがよいでしょう。

なおオープンタイプは苔がより自然な形で育ち、徒長《とちょう》しにくいため、伸びすぎた苔を整えるメンテナンスはあまり必要ありません。

お日様が好きな苔も元気に

オープンタイプだと適度に日が当たる場所にも置けるので、お日様が好きな苔も育てやすい。

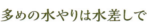

光が足りない場合はLEDランプで補う 光が足りない場合は照明で補う。比較的発熱が少ないLEDがおすすめ。オープンタイプの場合は熱がこもりにくいので、照明からの距離をあまり気にしなくてよい。

column

苔が好む明るさとは

「苔だから暗い場所が好きなんでしょう?」、そんな言葉をよく耳にします。確かに苔は日陰に多いイメージがあります。ですが、苔の生える「暗い場所」と、多くの人が感じている「暗い場所」には実はかなり差があるようです。たとえば苔が生えている森の中や建物の影にあたる場所と、「そこそこ明るいな」と思う部屋の中、はたしてどちらが明るいでしょう?もちろん場所によるため一概にはいえませんが、たいていの場合、部屋の中のほうがはるかに暗いのが普通です。部屋の中は、いってみれば洞窟の中のようなもの。光は主に窓からのみ入ります(これが洞窟の入り口に相当します)。苔といえど、洞窟の奥には通常生えません。これは一種の目の錯覚で、明るい日向から見れば日陰は暗く感じますが、日陰というのは実は部屋の中の10倍くらい明るいことが多いのです。

そんな「暗い」部屋の中で苔を楽しむ際は、なるべく明るい場所に置いてあげるのがとても大切です。我々がご飯を食べるように、苔は光を食べて生きています。暗い場所に置くのは「ご飯をあげない虐待」に等しいのです。

クローズドテラリウムの少々難しい点は、お日様を当てると蒸れてしまうので、「お日様の当たらない明るめの場所」を探さなければならない点です。安価なデスクライトでもよいので照明を当ててあげるのが最良の方法で、苔が元気に育つだけでなく、見栄えもはるかによくなります。照明を用意するのが難しい方は、部屋のカーテンを閉め切ったりせず、少なくとも日中、「読書ができる程度に明るい場所」を探してあげましょう。

オープンタイプのさまざまなテクニック

さまざまなテクニックを覚えると、自然界での苔の生態に近い姿を再現でき、苔本来の魅力を満喫できます。少しずつ育っていく様子を観察する楽しみも、ぜひ味わってください。

石に苔を這わせる

多孔質で水分を適度に含む溶岩石は、苔が発生・活着しやすいという特徴があります。

溶岩石を使うと、下の写真のように、苔が石に這っていきます。

p111では石の下から這わせる方法を紹介していますが、上から這わせることも可能です。

コツボゴケが溶岩石に這い降りている。

石の上に植えたシノブゴケが溶岩石を這い降りている。

用意するもの

材料・道具

容器（高さ10㎝、直径8㎝）、基本の用土、溶岩石、ピンセット（細め）、霧吹き

準備

容器に基本の用土を入れ、溶岩石を配置

苔2種

シノブゴケ　コツボゴケ

できあがり

↓

6ヵ月後

❶ シノブゴケの葉先を切り取る

シノブゴケを1本ずつ、ピンセットでつまみ取る。

▼

苔の下の端とピンセットの先が合うように挟む。苔そのもののカーブに注目。植える際、カーブの向きが重要に。

❷ 切った芽を植えていく

苔のカーブの方向と石の面を合わせるようにして、石のきわに植える。

▼

コツボゴケも1本ずつ切り取り、同じように植えていく。

石から生やす

自然界ではよく岩や石に苔が生えています。
苔が着生しやすい溶岩石を使うと、自然の風景を再現することが可能。
少しずつ育っていく過程を楽しんでください。

準備

器に基本の土、溶岩石を入れ、
溶岩石は霧吹きで湿らせておく。

用意するもの

材料・道具

容器（高さ4.5㎝、直径12㎝）、
基本の用土、溶岩石、
ピンセット（細め）、霧吹き、
ラップか透明フタ

苔2種

タマゴケ　　サワゴケ

1 ピンセットで1本のタマゴケを小さい断片に分ける。

2 サワゴケも同様に。1本の苔を、このくらい分けることができる。

3 ピンセットを使い、溶岩石のくぼみの部分につけていく。

4 大きいのがタマゴケ、小さいのがサワゴケ。

5 水圧がかからないよう、そっと霧吹きで水を与える。

6

フタをするかラップをかけて、1ヵ月ほどクローズド状態で養生する。その後は芽が出てきたらオープンでもよい。

植えつけて3ヵ月くらいたつと、こんな感じになる。この写真の例は、コツボゴケとサワゴケ。

ヒノキゴケの植え方

オープンタイプでヒノキゴケを植える際は、やや角度をつけて植えつけます。乾燥しにくくなるだけでなく、自然界の姿に近い姿を味わえます。ここでは植え替えを例に、ヒノキゴケの植え方をご紹介します。

ヒノキゴケは自然界では、乾燥を防ぐために、このように体を傾けて互いに寄り添って育つ姿がよく見られます。

用意するもの

ヒノキゴケ

苔

道具

ピンセット、ハサミ、水差し、霧吹き

この部分に
ヒノキゴケを
植える

1 高さを揃えて茎の下をカットしておいたヒノキゴケを4〜5本、向きを揃えて束ね、ピンセットで挟む。

2 やや横向きに、土に挿していく。

3 ピンセットは土から抜くまで大きく開かないようにする。さらに1〜2束植え足し、新しい芽があれば挿しておく。

植えつけ完了

column

アートでも活躍する苔

苔はアートの素材として使うこともできます。自然の一部を切り出したような苔のアートは、場の空気感を変える力があるように感じます。作品を制作後も苔は成長を続けるので、まさに「生きたアート」。ここでは「苔編み」という特殊な技術を用いた苔アートを紹介します。

左：額縁に絵画のように飾られた苔アート。苔の成長とともに徐々に苔むし、表情が変わっていく。

下：深山の苔むした岩壁のような苔アート。微細な構造の苔は、空気の清浄効果を持つとされている。

PART 4

応用作品にチャレンジ

他の植物と組み合わせる

植栽アドバイス（p116〜131）／安元祥恵（グリーンプランナー）

似た環境を好む植物を選ぶ

苔と他の植物をテラリウムで楽しむ場合、大事なのは、苔と同じような環境を好む植物を選ぶこと。湿度が高い状態を好み、風通しがやや悪くても耐えられる植物でないと、なかなかうまく育ちません。そのうえでテラリウム全体のデザインをイメージし、組み合わせたとき造形的に魅力的かどうかで判断しましょう。

性質とデザイン双方を考えた場合、条件に合いやすいのが、ラン科の植物とシダ科の植物です。ラン科の植物は種類がとても多く、性質も多様ですが、小型のもの、自然界では着生して空中湿度から水分を得る性質のものなどが向いています。

シダとは相性が抜群

石垣や渓流の辺りなどで、苔のそばにシダが生えているのを見かけることも多いと思います。苔とシダは自然界でも相性がよい植物。シダは基本的に湿度が高い状態を好みますが、風通しも必要なので、オープンタイプで開口部が比較的大きい器を使うとうまく育ちます。

最近インドアグリーンとしても人気が高いのがビカクシダ（コウモリラン）。自然界では空中湿度が高い森で木に着生して育つため、根はやや乾燥した状態に保つことがポイント。その点をクリアできれば、苔と組み合わせてテラリウムで楽しむことも可能です。

強健な観葉植物も、苔と一緒に育てることができます。亜熱帯〜熱帯が原産の植物は空中湿度を好むものも多いので、植物の性質を調べたうえで選びましょう。開口部が大きい器を用い、植物の一部が器からはみだすように植えれば、使える植物の幅が広がります。

ホソバオキナゴケと丈夫なつる性植物シッサスアマゾニカとスマイラックスのハンギング型テラリウム。

ジュエリーボックスにホソバオキナゴケと、サボテンの一種リプサリスを植えて。サボテンの骨で造形的な面白さを出している。

写真右の籠型は、タマゴケ、ホソバオキナゴケ、シノブゴケとウチョウラン、ムレチドリの組み合わせ。

応用編

作り方
1

野趣のあるウチョウランで山岳の風景をイメージして

ウチョウランはもともと山の崖地などに生えている植物。園芸用の品種も野趣があり、苔や石と相性がよい植物です。添えのムレチドリも同じラン科で、葉の美しさが魅力。秋には可憐な花が咲きます。

用意するもの

容器

籠状のワイヤーと
セットになっているガラス容器
ガラス部分の高さ9cm、直径15cm

道具

スプーン
（幅広・幅狭）

筒型土入れ

木の棒、水差し、苔用ハサミ、
ピンセット、霧吹き

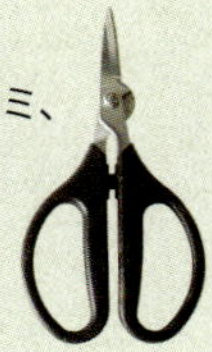

園芸用ハサミ

用土

培養土（苔以外の
植物を植えるのに使う）、
苔用の基本の用土

ミリオンA（ケイ酸塩白土）

石

化粧砂

使う植物

ウチョウラン

ムレチドリ

使う苔

タマゴケ、シノブゴケ、
ホソバオキナゴケ

1 容器に培養土を入れる

山野草用、または草花用に配合された
培養土を容器に適量入れる。

根腐れ防止の効果があるミリオンAを
ひとつかみ分、パラパラと散らす。

② ウチョウランの株分けをする

ポットを横に向け、底を押しながら、ウチョウランをポットから抜く。

ポットには数株一緒に植わっていることがあるので、適当に株分けしておく。

株分けをした状態。今回は3つに分割。

③ ムレチドリの株分け

ムレチドリも、株分けしておく。

④ 培養土で植えつける

石と植物を配置し、バランスを見て位置を調整する。

スプーンを使って、培養土で植えつける。

⑤ 苔用の用土を入れる

ウチョウランとムレチドリの植えつけが完了。

木の棒などで、培養土をならしておく。

培養土の上に苔用の用土を足し、湿らせておく。

❻ 苔を植える

苔を植えていく。ぎっしり植えすぎず、化粧砂を見せるようにしたほうが魅力的。

苔用の用土を入れたところ。このあと器の縁の近くに化粧砂を敷く。

植えつけ完了

三層からなる土、大きめの石、苔、ウチョウランとムレチドリが調和し、山岳地帯を思わせる風景のできあがり。

できあがり

応用編

作り方

2

相性のよいシダと里山の風景を

湿気を好むシダ類は、苔のテラリウムと合わせやすい植物です。
自然界でも苔の近くに生えていることが多く
見た目もしっくりなじみます。大型の器を使い、
室内に里山を持ち込むイメージを楽しんでみては。

1. フロウソウ
2. シッポゴケ
3. アオギヌゴケ
4. タマゴケ
5. ホソバオキナゴケ
6. ツルチョウチンゴケ

用意するもの

用　土

培養土（苔以外の植物を植えるのに使う）、苔用の基本の用土

石

ミリオンA
（ケイ酸塩白土）

化粧砂

使う植物

クジャクシダ

ヒメウラジロシダ

使う苔

フロウソウ、シッポゴケ、
アオギヌゴケ、タマゴケ、
ホソバオキナゴケ、
ツルチョウチンゴケ

防水用に使用

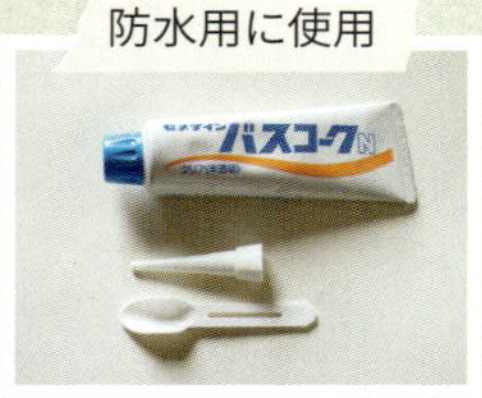

コーキング剤

マスキングテープ

容　器

木枠にガラスをはめた容器
幅40cm、奥行21cm、高さ25cm

道具

筒型土入れ、スプーン、
園芸用ハサミ、木の棒、
苔用ハサミ、ピンセット、
水差し、霧吹き

1 水漏れを防ぐため容器にコーキングを施す

内側の木枠に沿って、ガラス面にマスキングテープを貼る。

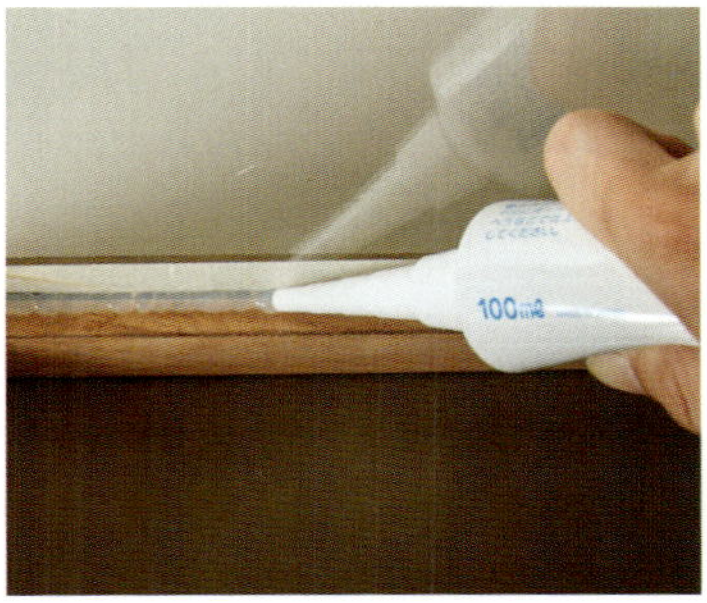

木枠部分とガラスの間に、コーキング剤を塗る。

指でコーキング剤を伸ばし、隙間がないように塗り、乾かす。

② 容器に培養土を入れる

容器に培養土を入れる。器が大きいので、筒型土入れを用いると便利。

根腐れ防止の効果があるミリオンAを適量パラパラとまいておく。

③ シダの植えつけ準備

ヒメウラジロシダをポットから抜いたところ。根を手で軽くほぐす。

ハサミを使って株分けし、植えつけに適したサイズにする。

他のシダや器とのバランスから、元の3分の2くらいのサイズにしたところ。

④ 植える位置を決める

クジャクシダも同様に軽く根をほぐし、土をやや落としておく。

全体のデザインを考え、シダを配置する。デザインをする際は、苔を貼らない場所も考えておく。

⑤ 培養土で植えつける

空間が広いところは、筒型土入れを使って植えつける。

スプーンで根元に土を盛っていく。

シダ2種類の植えつけが完了。自然な起伏ができている。

⑥ 苔用の土を入れる

苔用の土を表面に入れたところ。

⑦ 石を配置し苔を植えつける

石を配置し、さらに苔の用土を足して傾斜をつけていく。このあと、土を湿らせてから苔を植える。苔を貼らない場所には、化粧砂を入れる。

できあがり

このように土に傾斜をつけると、ガラス越しに見える土の断面も魅力的になる。

作品作りのポイント
with other plants

作品
G

ビカクシダと合わせてダイナミックに

上部に開口部があり、前の窓が開く
テラリウム用の容器を用い、
存在感のあるビカクシダと
流木を組み合わせた大胆な寄せ植え。
ビカクシダの水やりは、霧吹きで
葉の根元にある貯水葉の裏に与えます。

使っている植物

ビカクシダ

使っている苔

ホソバオキナゴケ、ヒノキゴケ、
コツボゴケ、タマゴケ

器のサイズ

幅30cm、奥行14cm、高さ25cm

作り方のポイント

ビカクシダは根をミズゴケで巻き、流木の上に置いてあるだけ。ビカクシダだけ別個に水やりもできます。容器の下部に土を入れるプラスチックの器があるので、そこに苔用の用土を入れ、流木のまわりに植えていきます。

1
今回、流木は2つ使用。容器に入れて、向きを決めておく。

2
ビカクシダはポットから抜き、根をほぐし、まわりの根を1/3くらいカットして小さくする。

3

今回は大きめの株と小さな株の2株使用。根の部分を水に戻したミズゴケで包み、テグスで縛る。

作品
H

セロームの根とさまざまな苔で造形の面白さを楽しむ

どの方向から見ても楽しめる大型のテラリウム。
セロームは葉を楽しむだけではなく、根の造形の面白さも魅力。
やがてセロームの根と苔が、溶岩石を這っていきます。

作品を右から見たところ

作り方のポイント

植える株の根の形や葉の向きなどを考えてデザインします。今回は溶岩石と根で造形的な面白さを出すため、セロームはやや傾けて植えています。苔が平面的にならないよう、中央部分に苔用の土を盛り、立体感を出しています。

使っている植物

セローム

器のサイズ

高さ21cm、直径23cm

使っている苔

1. シッポゴケ
2. フトリュウビゴケ
3. ジャゴケ
4. フロウソウ
5. ツヤゴケ
6. ツルチョウチンゴケ
7. コウヤノマンネングサ
8. タマゴケ

作品を裏から見たところ

サボテンの骨と組み合わせて 〝植物のオブジェ〟を作る

サボテンの一種で細い葉が特徴のリプサリス、サボテンの骨、
石、苔を組み合わせたクールな作品。
フタを半分閉めて管理すると、苔が乾燥しにくくなります。

鏡面を池に見立てる

器の底面が鏡になっているのを利用し、池に見立てています。苔が映りこむ様子も見どころです。

作り方のポイント

デザインをしっかり考えてから作るのがポイント。右下の隅は池に見立てているので、徐々に池に向かって傾斜がつくように土を入れています。

メキシコ産サボテンの芯の部分を乾燥したもので、「カクタスボーン（サボテンの骨）」と呼ばれています。穴の部分にエアプランツを挿すなどして使われます。

2 右下の鏡部分をあけて、苔用の土を入れ傾斜を作り、石とサボテンの骨を配置。石の位置が決まったら苔を植える。

1 リプサリスを植える部分に培養土を入れ、リプサリスを植えて大きめの石で土を止める。

使っている植物

リプサリス

使っている苔

1 シッポゴケ
2 コツボゴケ
3 ホソバオキナゴケ

器のサイズ

幅35cm、奥行12cm、高さ11.5cm

特殊なふやし方・育て方

テラリウムで育てていると、自然に苔がふえていきますが、それ以外にも苔をふやす方法はいろいろあります。苔の世界を広げるために、ぜひ試してみてください。

まき苔

細かくカットした苔を
土の上にパラパラとまくだけ。
不思議なことに、そこから一人前の
苔が育っていきます。
ほとんどの苔はまき苔でふやせます。
2ヵ月ほどで、
下の写真のようになります。

用意するもの

材料・道具

容器、
基本の用土、
スプーン、ハサミ、
霧吹き、
ラップか透明フタ

苔

タチゴケ

1 乾いたタチゴケを、ハサミで細かくカットする。

2 カットしたタチゴケ。

3 湿らせた土の上にパラパラまく。

4 苔が飛び散らないよう、霧吹きでそっと水を与える。

5 フタをするかラップをかけて管理。2〜3週間に1度水を与える。

2ヵ月後

水の中で育てる

いくつかの苔は水中で育てることもできます。ウィローモスと呼ばれるヤナギゴケの仲間や、ウキゴケ、ホウオウゴケなどはアクアリウムで多く用いられます。

水中に生える苔
ウキウキゴケ

アクアリウムの世界では「リシア」の名前で有名。普通は浮くようにして生えますが、アクアリウムでは沈めて黄緑の絨毯《じゅうたん》のようにして使うことが多いようです。

水面に浮かぶ
イチョウウキゴケ

その名の通りイチョウの形をしています。池や水田の水面に浮かんでいますが、陸上に生えることもあるようです。

こんな育て方も…

コウヤノマンネングサを水中で育ててみたところ、半年以上はきれいな状態が続きました。本来は水中にいる苔ではないのですが、遊び感覚でこんなことも可能です。

流水中に生える
ホソホウオウゴケ

鳳凰《ほうおう》の尾羽の形に似た葉をつけるホウオウゴケの仲間。沢の流水中に生えるホソホウオウゴケの「毛並み」の美しさは格別です。

苔テラリウムのトラブル解決法

苔を健やかに保つには、日頃からよく観察することが大切です。
いつもと様子が違うと思ったら原因を探り
早めに対処し、大きなトラブルになる前に解決しましょう。

害虫

苔は小さな虫の住処《すみか》や産卵場所になることがあります。
購入したり採ってきた苔は、
虫がいないかよく調べてから植えるようにしましょう。

葉が茶色くなり、一見老化と間違えそうだが、よく見ると小さな白い糞が……。

解決法

イモムシ類は見つけたらピンセットで取り除きます。植える前の苔は汚れや土を丁寧に落とすと、多くの虫は除去されます。

じっくり観察すると、小さな蛾《が》の幼虫が。苔そっくりに擬態しているものも多く、なかなかみつけにくい。

キノコ

苔を育てていると、ときどきキノコが発生します。姿がかわいいのでついつい残したくなりますが、成熟して胞子をまき散らすと、キノコの菌糸が苔の生育を妨げるかもしれません。また、枯れたキノコはカビの発生の原因になることもあります。

解決法

キノコが出てきたら、根元から切ったほうが無難です。かわいくてもったいないと思ったら、一瞬、姿を楽しんで、傘が開ききる前に切り取りましょう。

カビ

テラリウムの中に、白っぽいカビが出ることがあります。
植えつけ時にゴミや汚れをしっかり取ると、カビが生えにくくなります。
また、弱るとカビにつけこまれやすくなります。
適度に光を当てて健康に育てることが大事です。

解決法

このまま放置すると、カビが全体にまわります。早めにカビを取り除きましょう。カビが生えている部分の葉が茶色くなっている場合は、そのちょっと下から切り取ります。

カビを除去する

白いカビが出たら、綿棒を使って丁寧に取り除く。

消毒する

カビを取り除いたら、ベンレート（×1000）などの薬剤で消毒する。

ここまで広がると回復は困難

カビが広がり、茶色くなって枯れている部分も。こうなると、回復は困難です。元気な苔は抜いて洗い、新しい容器に新しい土を入れて植え直します。カビが広がった苔は廃棄し、容器は丁寧に洗って乾かしましょう。

一見カビ？ 実は違います

茶色いモジャモジャのものがビンを覆い、一見カビのようですが、これはサワゴケの仮根です。苔はクローズドで育てると、このように仮根が茂ることがあります。

葉が茶色くなる

急激に環境が変わったり、老化すると、
葉が茶色くなることがあります。
茶色くなった葉が
再び緑色になることはありません。

解決法

特に害はありませんが、
気になるようならハサミでカットし、
ピンセットで取り除きます。

葉が茶色くなってもあえて残す場合も

ヒノキゴケ
茶色くなった葉を
あえて残す

葉が茶色になった苔は見栄えがよくない、と感じる方も多いかもしれませんが、自然界でも緑と茶色は混ざって存在していることが普通。茶色くなった葉も「味」としてあえて残すのもよいかもしれません。特にオープンタイプのテラリウムでは、枯れ葉も保湿の役に立っている場合があるため、残しておいたほうがスムーズにコロニーを形成してくれる場合もあるようです。

PART 5

もっと知りたい苔のこと

苔は3つのグループに分けられます

苔は植物分類学上では「蘚苔類《せんたい》」と呼ばれています。

蘚苔類は「蘚《せん》類」「苔《たい》類」「ツノゴケ類」の3つに分けられており、それぞれ特徴が違います。

一番多いのは蘚類で、世界で約1万種、日本では1000種以上が知られています。

苔類は世界で約8000種、日本で600種以上。

ツノゴケ類については国内にわずか17種と、桁違いに少数派です。

蘚《せん》類

一般に「苔」と聞いてパッと思い浮かぶのが、この仲間。モコモコとしたコロニーを作るものが多く、いかにも苔らしい姿を見せてくれます。茎と葉の区別がつく「茎葉体」が特徴。茎が立ち上がる直立性のタイプと、茎が這う匍《ほ》匐《ふく》性のタイプがあります。

蘚類の多くは、葉に中肋《ちゅうろく》と呼ばれる筋があります。胞子は蒴《さく》の上部のフタが外れて、飛び散ります。

代表的な蘚類、スギゴケの仲間。写真はウマスギゴケ。

蒴をつけているコツボゴケ。

立つタイプ

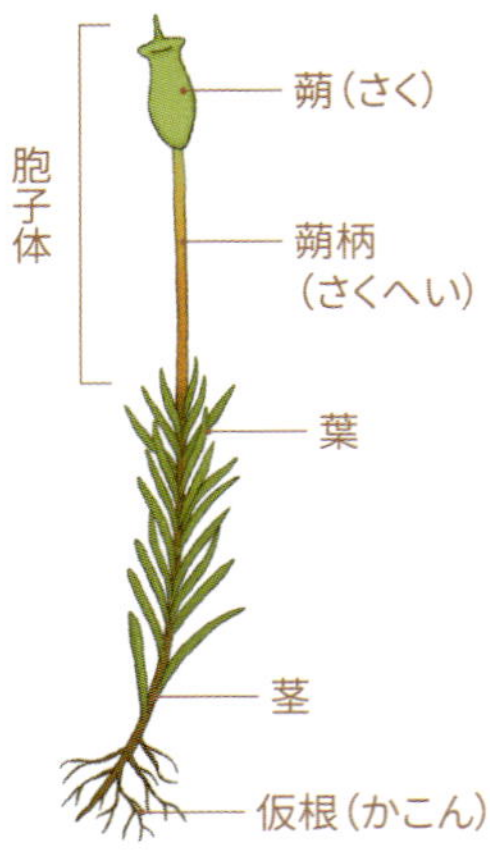

這うタイプ

苔《たい》類

ゼニゴケに代表される仲間。ゼニゴケのように葉が平べったく広がる葉状体の苔と、茎と葉がある茎葉体のものがあります。ただ蘚類と違い、茎葉体の葉には中肋がありません。蒴は球形か円筒形。胞子は蒴が縦に裂けて、飛び散ります。

ゼニゴケの仲間の雌株

ゼニゴケの雌株にできる雌器托。黄色い球状のものは蒴。

フタバネゼニゴケの雌株にできる雌器托《しきたく》。

茎葉体になるタイプ

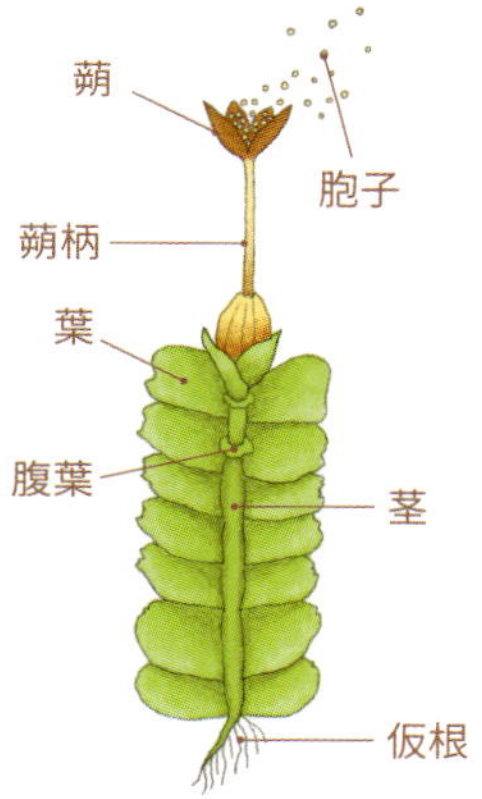

葉状体になるタイプ

蛇のうろこを思わせる模様が特徴のジャゴケ。

ツノゴケ類

茎と葉の区別がなく、その名の通りツノのような形の細長い胞子体が特徴。苔類に似た葉状体から伸びたツノは、成長すると先端部から縦に裂け、胞子が出ていきます。進化の起源など、まだ分かっていないことが多い仲間。見つけるのも難しく、出会えたらラッキーです。

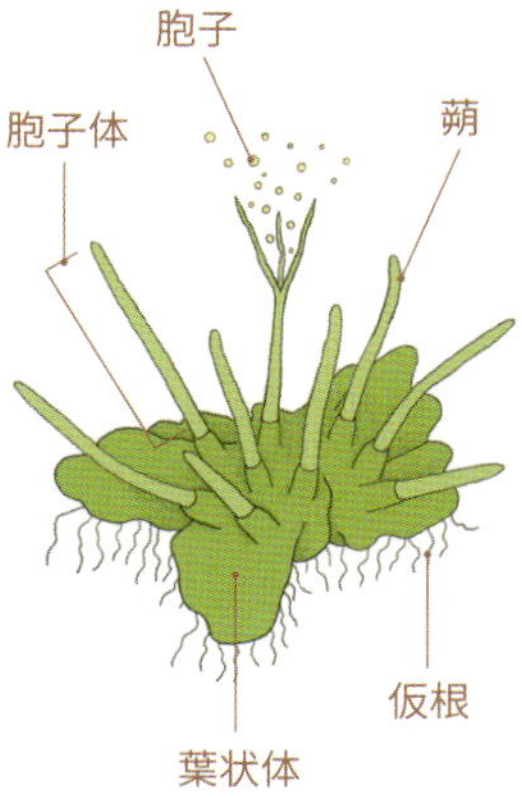

ツノのような蒴が特徴的。

生命の神秘を感じさせる苔の一生

水の中を精子が泳ぎ卵と合体

苔は花や種子をつけず、胞子でふえる植物です。では胞子は、どうやってできるのでしょう？

苔の場合、雄株と雌株に別れている種が少なくありません。雄株は造精器で精子を作り、雌株は造卵器で卵を作ります。そこに雨が降るなどして水分がやってくると、精子は泳いで卵のもとへとたどり着き、めでたく受精。胚《はい》が生じます。胚は雌株から養分をもらい、成長して胞子体になります。

胞子体の先端には蒴《さく》がつき、無数の胞子が入っています。充分成熟すると胞子は蒴から放出され、風に乗って新しい住処《すみか》にたどり着きます。そこで発芽し、苔の赤ちゃんともいえる原子体となり、糸状に広がっていきます。そこから芽が出て、新たな苔となるのです。

胞子体がよく見られるのは春と秋。この季節に苔に目を近づけると、かわいらしい蒴を見つけることができるかもしれません。

苔のライフサイクル

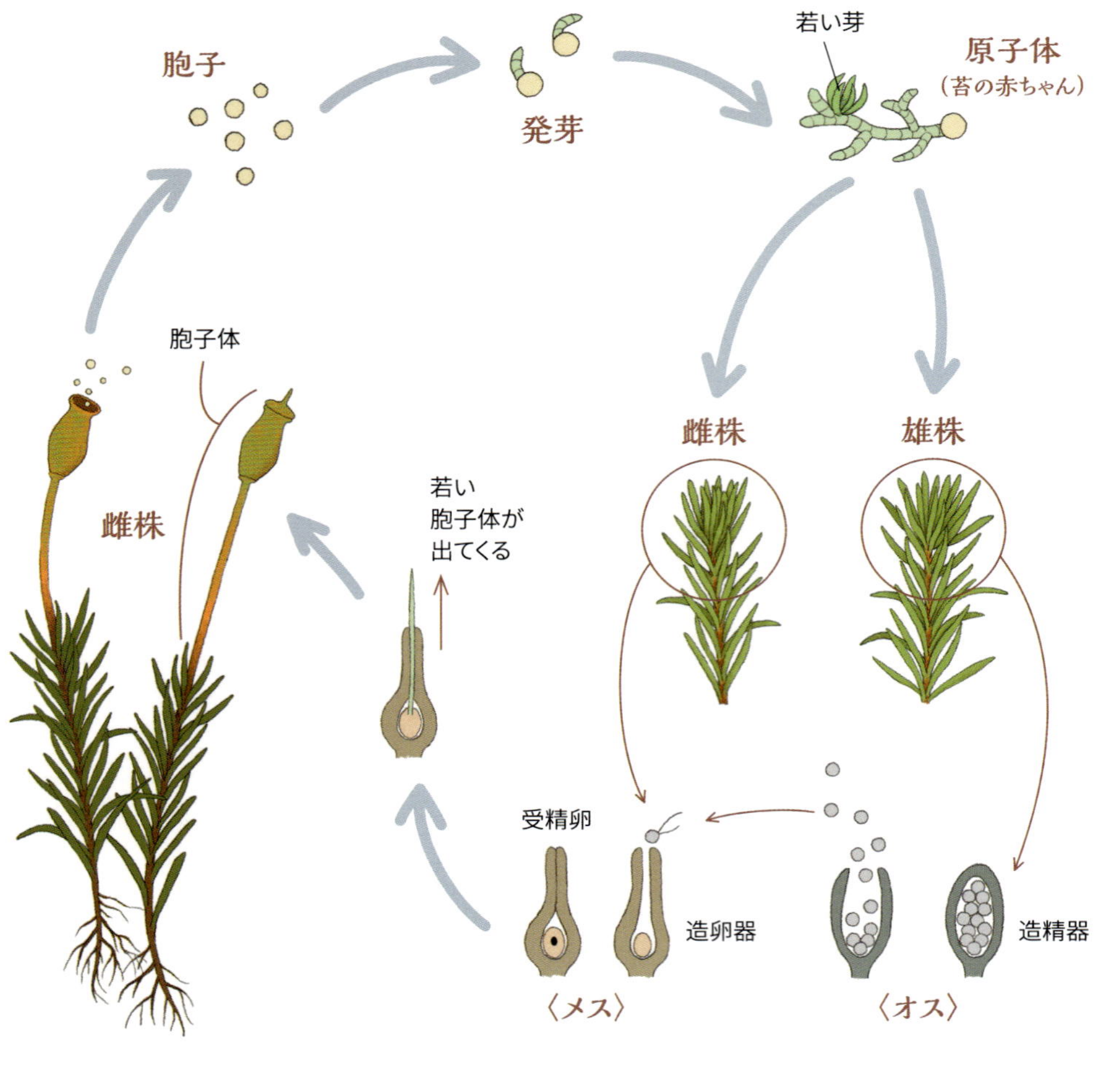

〝授かり婚〟だけでは不安 奥の手も持っています

精子と卵子が合体するという、いわば「授かり婚」だけを期待していると、繁殖の機会は限られてしまいます。そこで自分の茎葉や無性芽など、体の一部をポロリと分離させてふえていく「栄養繁殖」も行います。

たとえばゼニゴケの仲間は、葉状体の上に小さなカップのようなものを作り、その中でミニチュアのような無性芽を次々と作ります。これが雨水などで流されて広がり、新しいゼニゴケが誕生するのです。葉のつけ根や縁などに、小さな無性芽がつく種類もあります。これらは元の植物と同じ遺伝子を持つクローンです。

また、苔の種類によっては、茎や葉の一部がポロリと取れて、そこから新しい苔に成長していく場合もあります。p132で「特殊なふやし方」として「まき苔」の方法をご紹介していますが、こうしたふやし方が可能なのも、苔の性質によるものです。このように苔は子孫を残すため、さまざまな工夫をしているのです。

苔の栄養繁殖

フタバネゼニゴケにできたカップ状の無性芽器。この中で無性芽が作られる。

苔本体から取れている部分が、フデゴケの無性芽。

いろいろな蒴

セイタカスギゴケ

コツボゴケ

タマゴケ

フウリンゴケ

オオミズゴケ

つらい時期は休眠してやりすごす

たくましい苔の生き方

誤解しないでね 実は光が好きです

苔は日陰に生えることが多いためか、「暗い場所が好き」と思い込んでいる人も多いようですが、それは誤解です。強い光を嫌う苔が多いのは確かですが、光合成をして生きる植物である以上、最低限の光は必要で、まったく光のない暗い場所では育ちません。

また、必ずしもジメジメしたところを好むわけではありません。もちろん渓流沿いや雨どいの下など、水分が常に身近にある場所は、苔にとっては住みやすい場所。一方で、都会の乾いたブロックの隙間でも生きていけるたくましさも持っています。噴火直後の冷え固まった溶岩流に最初に住みつく植物も、苔だといわれています。

〝水は寝て待て〟乾いても耐えられます

苔は生きていくためにも、繁殖活動をするにも、水が欠かせません。ところが種子植物などとは違い、表面にしっかりした表皮やクチクラ層と呼ばれるろう状の物質があまりないため、乾燥しやすいという特徴を持っています。

これは生命維持のためには一見マイナスにも思えますが、別の見方をすると、水を体全体どこからでも吸収できるということ。体の表面から水分が出ていくことを止めないかわりに、いざ水がやってきたら、あっという間に吸収することができるのです。

乾燥しているときは縮んで休眠し、水を得ると全身の細胞で一気に吸収して目を覚まし、光合成を再開する。こうした性質があるから、岩場やブロック塀などでも生きていけるのです。

テラリウムで苔を栽培する際、乾いて縮んでしまうと、「枯れてしまったかも」と心配する方も多いようです。でも大丈夫。霧吹きで水分を与えると、すぐにみずみずしい緑色を取り戻し、元気に葉を広げてくれます。

乾燥した状態。葉が縮れ、くすんだ緑色になっている

↓

霧吹きで水を与え数分たつと、鮮やかな緑色になり葉が展開する

こんなところでも生きていけます

変わった場所に住む苔

苔は世界中どこでも生きています。熱帯の山岳地なども苔が好きな場所ですし、高山の岩場にも、なんと南極の池の底にも生えています。海水中以外、地球上のすべての場所から見つかっているといっても過言ではありません。苔は他の植物では生きていけないような暑さや寒さ、乾燥に耐え抜く力を持っているのです。

なかには、変わった場所を住処にしている苔もあります。日本では、硫黄泉を含む酸性度の強い水が流れるところに生えるチャツボミゴケや、一生水に浮かんで過ごすイチョウウキゴケなどが、変わり者といえます。

ヒカリゴケは、光って見える（実際には反射）ことで有名ですが、生えているのは山の洞窟の中や岩の隙間など。わざわざ、薄暗いところに住んでいるのです。

銅好きの変わり者 ホンモンジゴケ

ホンモンジゴケも、変わり者の代表格。銅葺きの屋根から流れ落ちる雨だれが当たるところなど、銅イオンがある場所に生育します。そのため「銅ゴケ」と呼ばれることもあります。

一般に銅は小量でも、植物の生育に対して毒性を持っています。でもホンモンジゴケは、不思議なことにむしろ銅を好むのです。和名は、日本で初めて発見されたのが池上本門寺（東京）だったことからつきました。

寺院の銅の水ためにに生えたホンモンジゴケ。毛細管現象を利用して、水分を手に入れている。

一生を水の中で暮らすイチョウウキゴケ。

私はコケではありません

苔の近くにいる苔そっくりさん

苔ではないけれど、苔と同じような場所を好み、同じようなサイズの植物もあります。代表的なものが地衣類。木の幹や石塀などでよく見られ、苔よりも白～灰色っぽく、手触りが固いのが特徴です。

藻類の仲間にも、苔そっくりさんがいます。藻類というと水中で生きているイメージがありますが、なかには陸上で一生を送るものもあるのです。

また、クラマゴケなどサイズが小さく地面を這うシダ植物も、苔と間違えられることが多いようです。

苔と地衣類が同居

石塔の傘の部分に、苔と競うように地衣類が。

白っぽい色をしているのが地衣類。

塀についているオレンジ色のものは藻類の一種スミレモの仲間。右上の白っぽいものは地衣類、残りの緑色が苔。

名前にコケとついているが、シダ植物のクラマゴケ。

テラリウムに使える

苔図鑑

図鑑の見方

166ページまでの図鑑は、通信販売などで入手しやすい種を中心にご紹介しています。苔は見た目だけでは種類を特定しにくいものが多く、多種の苔をまとめて一つの名前で表わして売られることが少なくありません。そこでこの図鑑では、学術的な正確さではなく、実際に苔を購入する際の便利さを優先して表示しています。詳しくは、それぞれの項の説明をお読みください。

1
オオカサゴケ（カサゴケ）
4
立つ苔
5
クローズド
△
オープン
△
2
【ハリガネゴケ科】
Rhodobryum giganteum
3
PART 5
もっと知りたい苔のこと
9
横から見たところ
Data
大きさ：直立茎の高さ6〜8㎝、葉の長さ1.5〜2㎝
生育場所：本州〜沖縄に分布し、林下の腐植土上などに生えることが多い。
利用について：テラリウムのほか、アクアリウム向けにも売られているが育成は難しいようだ。
8
傘のように開く姿がとても印象的な苔で、見つけると思わず写真を撮らずにはいられない。英語では"Rose moss"とバラにたとえるほど美しい苔。近縁種にカサゴケモドキ（R. ontariense）やカサゴケ（R.roseum）などがある。
6
テラリウムで育てる場合のポイント
育てるのはやや難しい。暑さに弱く、涼しい環境におく必要がある。またクローズドでは棒状の新芽が続々と生えてくるが、この新芽が開きにくい。新芽が伸び出すタイミングで、適度に換気をすることで新芽が開きやすくなる。オープンでは乾燥により傷みやすいため、深めに挿して植えるとよい。
7
151

1 和名
日本で標準的に呼ばれている名前。カッコ内は別名。

2 科名

3 学名
ラテン語による苔の正式な名前です。学名は「二名法」と言い、属と種の名前を組み合わせて表示します。属名＋sp.（たとえばp148の*Dicranum* sp.）といった表示は、「ディクラヌム属に含まれる種」という意味になります。

4 茎の伸び方のタイプ
茎の伸び方のタイプには、立つタイプと這うタイプがあります。ただし、這うタイプでもクローズドのテラリウムでは直立する場合もあります。

5 テラリウムでの育てやすさ
クローズドタイプとオープンタイプに分けて表示してあります。◎はとても育てやすい。○は比較的育てやすい。△はやや難しい。

6 説明
特徴や名前の由来などを説明しています。

7 テラリウムで育てる場合のポイント
テラリウムで育てる際の注意点やコツなど。

8 データ
大きさ、自然界ではどのような場所に生育しているかなど。

9 写真
特徴的なものを紹介しています。

クローズド
◎

オープン
△

立つ苔

ヒノキゴケ

【ヒノキゴケ科】

Pyrrhobryum dozyanum

紅葉したところ

「イタチノシッポ」という古い和名にある通り、シッポのようにふわふわした雰囲気を持つ苔。コロニーを見つけると、ついついそっと触りたくなってしまう。山地の腐植土の上などに点在して群生することが多い。

テラリウムで育てる場合のポイント

クローズドではとても育てやすい。自然のものに比べ茎がピンと直立して育つためミニチュアの樹木のようになる。やや密閉度の低い容器を使うと間延びせず、力強く育ちやすい。オープンでは乾燥しやすいためやや難しいが、コロニーを意識して植え込むことで（p113参照）充分育てられる。

Data

大きさ：茎の高さ5〜10㎝、葉の長さ 約10㎜
生育場所：本州以南に分布。林下の腐植土の上など。
利用について：テラリウム向けによく販売されている。苔庭でも利用されるが湿度の高いところを好み、乾燥しやすい地域では難しい。

クローズド
○

オープン
○

立つ苔

タマゴケ

【タマゴケ科】

Bartramia pomiformis

タマゴケの蒴

早春（2〜4月頃）につける蒴《さく》がまんまるの球形なことに由来する名前で、英語では“Apple moss”と呼ばれ、蒴をりんごに見立てている。蒴だけでなく、葉の鮮やかな黄緑色も魅力的で、とても人気がある。斜面上や岩場などに生えることが多い。

テラリウムで育てる場合のポイント

明るい黄緑色と、かわいらしい蒴はテラリウムでも人気だが、暑さに弱く、夏場に劣化する場合が多い。ただし、温度（30℃以下）さえ気をつければオープン、クローズドどちらでも育てるのは比較的容易。奥の手として、夏場は冷蔵庫に保管するという方法もある。

Data

大きさ：茎の高さ 4〜10㎝、葉の長さ 4〜7㎜

生育場所：北海道〜九州に分布。山地の日陰の岩上や岩の隙間、土の斜面などに生えることが多い。

利用について：苔庭に使用されることがあり、テラリウムにもよく利用される。

クローズド ○

オープン ◎

ホソバオキナゴケ

立つ苔

【シラガゴケ科】

Leucobryum juniperoideum

ホソバオキナゴケの蒴

翁《おきな》や白髪といった名前は、乾燥すると白っぽくなることに由来。こんもりとした密なコロニーを作ることから、「マンジュウゴケ」とも呼ばれ、「苔のイメージ」通りの苔。近縁種のアラハシラガゴケ（*L.bowringii*）も本種と区別されないことも多く、両種はヤマゴケ、ホソバシラガゴケなどさまざまな名前で流通している。

テラリウムで育てる場合のポイント

ミニチュアの「芝生」の雰囲気もあるが、クローズドでは伸びて乱れやすい。密な芝生状を保つためにはオープンがオススメ。乾燥に強く、それほど明るさも必要ないため、屋内で育てるのに非常に適している。

アラハシラガゴケ

ホソバオキナゴケと酷似。葉先が尖り向きがばらつく。

Data

大きさ：茎の高さ2〜3㎝、葉の長さ2〜3㎜

生育場所：北海道〜沖縄に分布。スギなどの針葉樹の樹幹や根元、腐植土上などに生える。

利用について：盆栽や苔庭、テラリウムなどさまざまな形で利用される。

クローズド
△

オープン
○

シッポゴケ

立つ苔

【シッポゴケ科】

Dicranum sp.

葉先がカマのように曲がるものが多い

尻尾のような見た目の苔。大型のカモジゴケ（*D.scoparium*）や、中型のオオシッポゴケ（*D.nipponense*）など、さまざまなものが混同して売られている。大型のものはヒノキゴケにもやや似るが、全体的により力強い印象のものが多い。

テラリウムで育てる場合のポイント

クローズドでは茎が徒《と》長《ちょう》し、地上部に仮根も生じやすいため、基本的に美しく育ちにくい。オープンでは徒長もせず、小・中型のものは非常に育てやすいためオススメ。一方大型のものは葉先が傷みやすいため、やや難しい。

Data

大きさ：茎の長さ3～5㎝程度のものが流通することが多い（種による）。

生育場所：山地の腐植土上などに生育するものが多い（種による）。

利用について：苔庭で使われることがある。

クローズド
○

オープン
△

コウヤノマンネングサ

立つ苔

【コウヤノマンネングサ科】

Climacium japonicum

新芽の様子

かつて高野山で霊草（お守り）として用いられていた苔。「草」と名がつくほどに〝コケ〟らしからぬ大きさで、見た目はミニチュアの「木」のようでもあるが、れっきとした苔の仲間。その証拠に、やはり根がなく、地中を這う地下茎と、地上に伸びる直立茎からなる。森林のふかふかした腐植土などに生えることが多い。

テラリウムで育てる場合のポイント

クローズドでは時期により新芽が開きにくいことがある。新芽の展開のタイミングに、昼間適度に換気をすることで葉が展開しやすくなる場合がある。オープンでは乾燥が進みやすく、やや難しい。

Data

大きさ：直立茎の高さ5～15㎝、葉の長さ 2.5㎜以下

生育場所：北海道～九州に分布。山地の腐植土上に生える。

利用について：テラリウムに使用される。

クローズド
△

オープン
○

フロウソウ（マンネンゴケ）

立つ苔

【コウヤノマンネングサ科】

Climacium dendroides

上から見たところ

Data

大きさ：直立茎の高さ約8㎝、葉の長さ約3㎜
生育場所：北海道〜九州に分布。湿った地上、腐植土上、岩上、湿地などに生える。
利用について：テラリウムや苔庭に使用されることがある。

「不老草」というとても縁起のよい名前がついている。コウヤノマンネングサ同様「草」がつくが、こちらも苔の仲間。明るく水気の多い場所に生えることが多い。コウヤノマンネングサに似た姿だが、やや小型で、先端が垂れ下がらない。また育てる際の性質はかなり異なるため注意が必要。

テラリウムで育てる場合のポイント

クローズドでは新芽が徒長し、葉が開きにくくなるため適していない。本種のような大型の苔は、オープンでは乾燥しやすいため、大きめの容器で土に深めに植えつけるとよい。

クローズド
△
オープン
△

オオカサゴケ（カサゴケ）

立つ苔

【ハリガネゴケ科】

Rhodobryum giganteum

横から見たところ

傘のように開く姿がとても印象的な苔で、見つけると思わず写真を撮らずにはいられない。英語では“Rose moss”とバラにたとえるほど美しい苔。近縁種にカサゴケモドキ（*R. ontariense*）やカサゴケ（*R.roseum*）などがある。

テラリウムで育てる場合のポイント

育てるのはやや難しい。暑さに弱く、涼しい環境におく必要がある。またクローズドでは棒状の新芽が続々と生えてくるが、この新芽が開きにくい。新芽が伸び出すタイミングで、適度に換気をすることで新芽が開きやすくなる。オープンでは乾燥により傷みやすいため、深めに挿して植えるとよい。

Data

大きさ：直立茎の高さ6〜8cm、葉の長さ1.5〜2cm

生育場所：本州〜沖縄に分布し、林下の腐植土上などに生えることが多い。

利用について：テラリウムのほか、アクアリウム向けにも売られているが育成は難しいようだ。

クローズド
◎

オープン
○

立つ苔

ホウオウゴケ

【ホウオウゴケ科】

Fissidens sp.

沢の水辺で生育しているホウオウゴケ

鳳《ほう》凰《おう》の尾羽根に見えることからの命名。販売されているホウオウゴケは、トサカホウオウゴケ（*F.dubius*）やホウオウゴケ（*F.nobilis*）など区別なく扱われている。岩壁などに斜めに垂れ下がるような形で育つもの、土から直に生えるもの、非常に小型のものから大きめのものまで多種多様。

テラリウムで育てる場合のポイント

比較的暗めの場所でも弱りにくく、成長もゆっくりなものが多いので初心者向けの苔。クローズドでも変異が少ないため、手軽に始めるクローズドにオススメ。特に大型のものはオープンでは乾燥しやすいため、丈を低くして植える。

Data

大きさ：茎の長さ2～6㎝程度のものが流通することが多い（種による）。
生育場所：キャラボクゴケなど小型のものは都市部にも普通に見られる。大型のものは主に山地に生育する（種による）。
利用について：苔庭で使われることがある。

クローズド
○
オープン
◎

ナミガタタチゴケ（タチゴケ）

立つ苔

【スギゴケ科】

Atrichum undulatum

タチゴケの胞子体

都市部の公園などにも多く、コツボゴケなどと一緒に生えることが多い。細長い葉には透明感があり、横向きに波打っていることから「ナミガタタチゴケ」と呼ばれる。スギゴケの仲間には珍しく、胞子体に毛がないのも特徴。

テラリウムで育てる場合のポイント

クローズドではやや徒長するが、透明感のある葉は美しく、クローズドでも育てやすい。土の中から次々ポコポコ出てくる新芽が愛らしい。上部の葉が茶変することがあるが、茶色い部分のみ切り除けばまた新芽がぐんぐん伸びてくる。オープンでも育てやすく、より自然な形で楽しめる。

Data

大きさ：茎の高さ4cm以下、葉の長さ8mm以下

生育場所：北海道～九州に分布。山地のほか、都市部でも土上に普通に生える。

利用について：「地苔」としてその場に生え、庭や寺社で大切に管理されることがある。

クローズド
○
オープン
○

立つ苔

フデゴケ

【シッポゴケ科】

Campylopus sp.

白っぽく見えるのはフデゴケの無性芽

フデゴケや近縁種のヤマトフデゴケなどあるが、区別されずに流通している。川に近い岩場などに生えることが多い。筆の毛のような針状の細い葉をタテに伸ばし、群落を作るとキラキラと輝き非常に美しい。多くの苔は乾燥すると縮れたり、巻いたりと、見た目が変化するが、フデゴケは変化が少なく、乾いても鑑賞性を保ちやすい。

テラリウムで育てる場合のポイント

季節にもよるが、葉が取れやすいためやや扱いにくい。クローズドでもオープンでも育てることができるが、やや菌に侵されやすいので注意が必要。

Data

大きさ：茎の高さ2〜7㎝、葉の長さ3〜4㎜
生育場所：北海道〜沖縄に分布。やや乾いた岩上や地上に生える。
利用について：苔庭に利用されることがある。

クローズド
◎
オープン
○

立つ苔

オオシラガゴケ

【シラガゴケ科】

Leucobryum scabrum

茎はかなり伸びる

白っぽい苔だが、白髪というには申し訳なくなるほど、長く立派な姿になる。葉は針状で葉先に突起がある。本州南部に多い苔で、青白い姿が不思議な存在感がある。

テラリウムで育てる場合のポイント

テラリウムに適した苔として注目されつつあり、カビなどのトラブルもほとんどなく、とても育てやすい苔。クローズドで水分をこまめに与えると緑がやや濃くなる。逆に水を控えめにすると白が強くなる。クローズドにおいても徒長などが起こりにくいため、手軽なクローズドにオススメ。

Data

大きさ：茎の高さ5cm以上、葉の長さ10mm
生育場所：本州〜沖縄に分布。特に南部に多い。山地の地上、腐木上や岩上などに生える。
利用について：通常利用されることは少ないが、テラリウムに向く。

クローズド
△

オープン
○

サワゴケ

立つ苔

【タマゴケ科】

Philonotis sp.

サワゴケの胞子体

カマサワゴケ（*P.falcata*）やオオサワゴケ（*P.turneriana*）などを含む。その名の通り、沢沿いの水面近くの場所に生えることが多い。蛍光色気味の鮮やかな黄緑色が非常に美しい苔。葉が水を弾きやすく、弾いた水滴との組み合わせがまた美しい。

テラリウムで育てる場合のポイント

クローズドでは次第に仮根が密生して、ひょろひょろ育つため適していない。ある程度乾燥しても見栄えが悪くなりにくいため、ぜひオープンテラリウムで挑戦してほしい。

Data

大きさ：茎の高さ2〜5㎝、葉の長さ1〜2㎜

生育場所：カマサワゴケは、北海道〜沖縄に分布。湿った地上や岩上に生える。

利用について：利用されることは多くないが、テラリウムではオープンに向く。

クローズド
△

オープン
◎

立つ苔

ミズゴケ

【ミズゴケ科】

Sphagnum sp.

まん丸形のオオミズゴケの蒴

湿原などに生える苔。体のつくりがスポンジ状で、水分をとても多く保持するため、「乾燥水苔」として園芸資材にもよく利用されるが、生きているミズゴケの姿を知る人は案外少ない。温室効果ガスを取り込む重要な植物としても注目されている（p56参照）。低地でも見かけるミズゴケはオオミズゴケ（*S.palustre*）が多く、ほかにホソバミズゴケ（*S.girgensohnii*）など数十種類ある。

テラリウムで育てる場合のポイント

クローズドでは勢いよく成長した後、白っぽく変化していくことが多く、次第にお化けのようになる。オープンで明るさを充分に確保してあげれば育てるのは容易。

Data

大きさ：茎の高さ10cm以上、葉の長さ1.5〜2mm

生育場所：北海道から九州に分布。山地の湿った地上や湿原に生える。

利用について：園芸資材のほか、「ピート」と呼ばれる遺体の堆積物は、燃料やウイスキーの香りづけなど、苔には珍しく、さまざまな形で利用されている。

クローズド
△

オープン
○

ウマスギゴケ（スギゴケ）

立つ苔

【スギゴケ科】

Polytrichum commune

蒴には細かい毛が生えている

杉の芽生えのような形の苔。一般的に流通しているスギゴケは、ウマスギゴケ（*P.commune*）が多いが、よく似たオオスギゴケ（*P.formosum*）もある。鮮やかな緑色とボリューム感が素晴らしく、造園では苔の中でも特に高貴なものとされる。苔庭をつくる目的でよく使われるが、環境に左右されやすく、育てやすい苔ではない。

テラリウムで育てる場合のポイント

手に入りやすいが、通気性の悪い屋内ではややカビの発生するリスクが高い。またクローズドでは激しく徒長するため向かない。オープンでは明るい場所であれば徒長せずに美しく育つ。大型の苔だが植えつけ時は、背丈を低く植えると美しく育ちやすい。

Data

大きさ：茎の高さ5〜20㎝、葉の長さ6〜12㎜

生育場所：北海道〜九州に分布。ウマスギゴケは明るい場所の粘土質土上や湿原に生える。

利用について：苔庭に最もよく使用される苔の一つ。

クローズド
△

オープン
○

エゾスナゴケ（スナゴケ）

立つ苔

【ギボウシゴケ科】

Racomitrium japonicum

透明な葉先の様子

星形の葉がかわいらしく、透明な葉の先端（透明尖）がさらにおしゃれに見せる。岩場や道路上など日照の充分にある場所に群生することが多く、メジャーな苔だが、都心近郊ではほとんど見られない。乾燥に強い特性を生かし、屋上緑化の植物として使用される場合もある。

テラリウムで育てる場合のポイント

テラリウムでは育たないわけではないが、クローズドでは徒長しやすく、色も悪くなりやすい。強い光が必要なため、熱のこもりやすい容器は不向き。浅い容器に植えつけ、しっかり日光を当てると美しく育つ。

Data

大きさ：茎の高さ3cm以下、葉の長さ約2.5mm
生育場所：北海道～九州に分布。日当たりのよい土上、岩上に生える。
利用について：苔庭に使われるほか、緑化資材として。

クローズド
△

オープン
◎

シノブゴケ

這う苔

【シノブゴケ科】

Thuidium sp.

ホンシノブゴケ

「シノブゴケ」は多くの種を含む総称だが、流通しているものはトヤマシノブゴケ（*T.kanedae*）が多い。和名はシノブ（シダ植物）に似ていることから、学名は*Thuja*（ヒバ、アスナロなど）という針葉樹に似ることからきているとか。枝分かれの繊細さは、これぞ苔植物の醍醐味、といったところ。

テラリウムで育てる場合のポイント

シノブゴケを含め、這うタイプ（匍匐性）の苔は、フタ付き容器ではせっかくの美しい枝分かれが起こりにくくなり、一本の茎が上向きににょろにょろと徒長しやすい。やや水やりなどの手間はかかるが、オープンで育てることで、正常な姿で成長させることができる。

Data

大きさ：トヤマシノブゴケの茎葉の長さ1.3〜1.6㎜

生育場所：トヤマシノブゴケは北海道〜沖縄に分布。日陰の岩上や地上などに生える。

利用について：苔庭や苔玉、テラリウムに使用される。

クローズド ○

オープン ○

コツボゴケ

這う苔

【チョウチンゴケ科】

Plagiomnium acutum

透明感のある輝く葉が特徴

都市部の公園などにも生えることが多いメジャーな苔。春、一斉に広がる葉は透明感がとても強く、キラキラと輝いた姿がひときわ美しい。苔好きにとっては春の風物詩である。苔庭に植えられることは多くないが、その場に生えているものが、庭で大切に管理されることは多い。

テラリウムで育てる場合のポイント

クローズドでは這わずに直立して育つことが多い。また仮根が目立ってくることがあり、特にガラス面などに着くと顕著に仮根が出る。その際は一度つけ根の部分から切って土に寝かせておくと、いずれきれいな葉が新たに伸びてくる。オープンでは自然な形で育ちやすい。

Data

大きさ：茎葉の長さ3.5㎜以下

生育場所：北海道〜沖縄に分布。山地のほか、都市部でも土上に普通に生える。

利用について：テラリウムや「地苔」として。

クローズド
○
オープン
○

這う苔

ツルチョウチンゴケ

【チョウチンゴケ科】

Plagiomnium maximoviczii

葉先が楕円形で透明感がある

コツボゴケ（*P.acutum*）に似ているため、コツボゴケの名前で売られていることも多いが、葉がより丸い形状をし、波打つような横じわがある。コツボゴケより湿り気の多い場所に生えることが多く、本種を都市部で見かけることは多くない。ほかに近縁種のオオバチョウチンゴケ（*P.vesicatum*）なども混同されることがある。

テラリウムで育てる場合のポイント

クローズドにおいても上方向にやや伸びにくく、コツボゴケに比べると本来の這う形で育ってくれやすい。ガラス面に接した仮根が気になる際は切り取る。水切れで傷みやすいため、オープンでは水切れに注意する。

Data

大きさ：茎葉の長さ 5～6㎜
生育場所：北海道～沖縄に分布。渓流沿いなど、山地の湿った岩上に生える。
利用について：テラリウムや「地苔」として。

クローズド
△
オープン
◎

ツヤゴケ

這う苔

【ツヤゴケ科】

Entodon sp.

乾くとツヤが出る

「ツヤゴケ」も多くの種を含むグループ。特に乾燥するとツヤ（光沢）が強く出る。市販されているもの、苔庭などに使われるものはマット状の群落を作るエダツヤゴケ（*E.flavescens*）が多いようだ。エダツヤゴケは魚の骨のような独特の形をしており、ジャングルやジュラシックな雰囲気を出しやすい。

テラリウムで育てる場合のポイント

クローズドでは枝分かれせず、上方向に徒長するため不向き。シノブゴケなどに比べると先端も傷みにくいため、オープンで育てるのがオススメ。

Data

大きさ：エダツヤゴケは茎葉の長さ 約2.5㎜
生育場所：エダツヤゴケは北海道〜沖縄に分布。山地の樹木の根元や岩上に生える。
利用について：苔庭に使われることがある。オープンのテラリウムに向く。

クローズド
△

オープン
○

ハイゴケ

【ハイゴケ科】

Hypnum plumaeforme

這う
苔

葉先はカギ状になっている

Data

大きさ：茎葉の長さ 1.5～3㎜

生育場所：北海道～沖縄に分布。日当たりのよい地上、岩上、樹木の根元などに普通に生える。

利用について：苔庭や苔玉に最もよく利用される。

その名の通り、「這う苔」の代表。マット状に生育するため、苔庭や苔玉などで非常によく使用されるメジャーで入手も容易な苔の一つ。乾燥すると枝葉が巻くが、極端に見栄えが悪くならないため、利用しやすい。

テラリウムで育てる場合のポイント

クローズドでは激しく徒長し、本来の姿とはまったく別物になる。本来の「這う苔」を育てたい場合はオープンで育てる。マット状の苔全般に言えることだが、ただ土に敷くのではなく、ある程度ほぐす、土に挿すなどすることで、定着しやすく、新芽も出やすくなる。

クローズド
△

オープン
○

アオギヌゴケ（ヒツジゴケ）

這う苔

【アオギヌゴケ科】

BRACHYTHECIACEAE

アオギヌゴケ科の苔の総称のようなかたちで「アオギヌゴケ」「ヒツジゴケ」として流通される場合が多いが、実際にはアオギヌゴケ属に限らず、多種多様な這うタイプ（匍匐《ほふく》性）の苔が区別されず混ざっていることが多い。繊細でやわらかな雰囲気のものが多い。

アオギヌゴケ、ナガヒツジゴケ、ハネヒツジゴケなどは、街中でもよく見かける。

テラリウムで育てる場合のポイント

さまざまな種類の苔が混ざるため、一概には言えないが、這うタイプの苔全般の傾向と同じように、基本的にはクローズドでは徒長してしまうため不向き。逆にオープンでは育てやすいものがほとんどだ。

Data

大きさ：多様なものが含まれる。
生育場所：全国的に分布。山地のほか、都市部に生えるものも多い。
利用について：利用されることは少ないが、オープンのテラリウムに向くものは多い。

クローズド
△

オープン
◎

這う苔

ジャゴケ

【ジャゴケ科】

Conocephalum conicum

緑～濃い緑色で、
ヘビのうろこのような模様が入る

Data

大きさ：葉は約3～15㎝の鱗状。
生育場所：北海道～沖縄に分布。山地のほか、都市部の路地裏など、水はけの悪い土、岩上にもよく生える。
利用について：利用されることはなく、駆除の対象になることもある。

鱗《うろこ》状の模様がまさにヘビのうろこ模様であることから「蛇苔」と呼ばれる。水はけの悪い庭に「はびこる」と、嫌われることもあるが、先入観なしに育てると、モコモコの苔にはないかっこよさがある。

テラリウムで育てる場合のポイント

部屋の中で最も容易に育てられる苔の一つだが、クローズドでは上向きにひょろひょろ伸び、仮根だらけになる。通気性が充分にあるオープンの容器で育てるか、鉢など完全にむき出しでも問題ない。多くの苔は乾燥させても容易には枯れないが、本種は乾燥させないよう気をつける。

苔散歩に出かけてみませんか？

ルーペは必需品

苔と親しくなるためにぜひおすすめしたいのが、苔散歩。実際に生えているところを観察すると、より苔に親しみが湧いてきますし、苔がどんな環境を好むのかも実感できます。

苔散歩に出かける際にぜひ持参したいのがルーペです。遠くから見ると緑の絨毯《じゅうたん》のように見える苔も、近くに寄り、ルーペでのぞくと、茎や葉の繊細なつくりに感激するはず。種類によって葉や茎の形が違うのも面白いし、季節によっては蒴《さく》をじっくり見ることもできます。またせっかくなら、観察した苔を撮影したいもの。苔は体が小さいので、カメラは、接写しやすい機種を選ぶとよいでしょう。

まずは身近な場所から始めて、徐々に「苔旅」へとスケールを広げてみては。大自然の中で観察するのも楽しいし、苔を生かした庭園を訪れると、日本文化と苔の関わりを知ることができます。次ページから代表的な苔の名所をご紹介しますので、機会があればぜひ足を運んでみてください。

苔散歩に持っていきたいもの

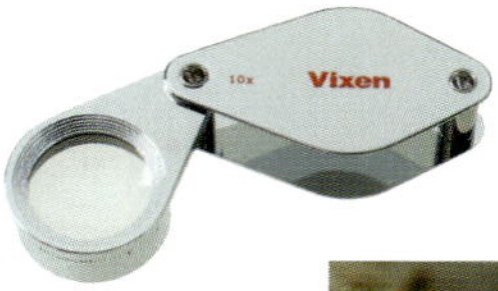

ルーペ
10倍くらいの倍率が使いやすい。ヒモをつけて首から下げておくと便利。

カメラ
上のカメラはオリンパスTG−5。コンパクトな防水カメラで、接写にも力を発揮。

霧吹き
乾いている苔は霧吹きで水をかけると葉が展開する。

街中でもあちこちで苔に会えます

一度〝苔目線〟が身につくと、あちこちで見つかります。発見すると、「こんなところにも苔が」と、楽しい気分に——。

ブロックやコンクリートの塀の上、塀の表面などでもよく見られる。

縁石の隙間に、みっちりと苔が。

エアコンの室外機の下は適度に水分があるので、格好の住処。

敷石の間も苔が好んで暮らす場所。

苔の文化を知ることができる

日本庭園 ［京都府］

京都は四方を山に囲まれた盆地なので、湿度が保たれやすく、もともと苔が多い土地。日本人はその苔を庭園に取り入れ、文化にまで高めました。京都で寺社を訪れ苔散歩をすると、日本の美意識の深さを実感できます。

見事に広がる庭園のスギゴケ。

モコモコしたおまんじゅうのように見える
ホソバオキナゴケ。

水と苔のある寺院の庭園は、静謐で神秘的。

苔むした岩。さまざまな苔が同居している。

使われなくなった古井戸だろうか。
今ではすっかり、苔の住処に。

紅葉の赤と苔の緑は最高の組み合わせ。

関東屈指の苔どころ

箱根美術館［神奈川県］

陶磁器の収集で有名な箱根美術館。広大な庭には日本全国から集められた１００種以上の苔が育ち、庭の主役は苔といっても過言ではありません。関東では最もまとまって苔を見ることができる場所かもしれません。

一点のくもりもないマット状に生育した苔。

橋を渡ると、そこは苔の楽園だった。

竹と苔の調和が美しい。

真ん中のおまんじゅうのような部分はミズゴケ。数種類の苔で作る造形は、アート作品のよう。

鮮やかな明るい緑色が印象的。
まさに苔の絨毯《じゅうたん》。

岩からさまざまな植物や苔が生える景色。
植物と苔のナチュラルな調和が美しい。

身近な場所に苔がいっぱい

鎌倉［神奈川県］

山に囲まれ木々の多い鎌倉は、苔が住みやすいところ。寺社仏閣の境内では、石段、石塔、樹木の幹、石垣などに注目。

妙法寺の石の階段。コツボゴケがびっしりと生えている。

妙本寺祖師堂の銅の水溜には、銅を好むホンモンジゴケが。

妙本寺の山門近くの木。さまざまな苔と地衣類、シダが共存している。

古い石垣に、苔がびっしり。

天皇家と所縁が深い庭

日光田母沢御用邸記念公園［栃木県］

昼夜の寒暖差が大きく霧がよく発生する日光は、苔にとっては快適な環境。大正天皇をはじめ三代の天皇・皇太子がご利用された日光田母沢御用邸は、優美な建築と苔庭の調和が見事です。

部屋から見たときに美しい苔庭が見えるよう、庭園が設計されている。

木立の足元は苔に覆われ、キジバトたちの憩いの場に。

四季折々の花と、水の流れ、苔の調和が見事。

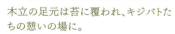

大自然に生きる苔を堪能できる

奥入瀬渓流［青森県］

十和田八幡平国立公園内を流れる奥入瀬渓流は、苔の宝庫。約200種が生息しているといわれている、モスパラダイスです。渓流に沿ってほぼ渓流と同じ高さに歩道が設けられているため、散策にうってつけ。最近は苔観察を目的として訪れる人も増えています。

いつの間にか苔に覆われ、元の切株の姿が見えなくなっている。

散策ルートが整備されており、森と渓流、苔を存分に楽しむことができる。

広葉樹やシダ、苔などが共存し、太古の風景を彷彿とさせる。

渓流の飛沫《しぶき》を浴びる岩の上は、苔にとって住み心地のよい場所。

倒木も苔が好む場所。

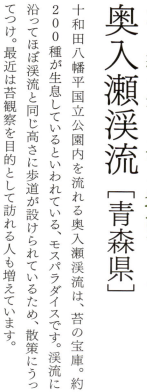

まだまだ
ある

室内での苔の楽しみ方

テラリウム以外でも、苔を室内で育てる方法があります。キーワードは「コロニー」。植え方のテクニックを覚えれば、モコモコの苔を楽しむことができます。

苔は「モコモコ」というイメージがあると思いますが、実は一つ一つの苔はモコモコしているわけではありません。小さな苔が寄り集まり、「コロニー」という群れを作ることで、離れてみるとモコモコして見えるのです。

コロニーを作ることで、乾燥を防いだり水を保持することができるため、苔はある程度乾いた場所でも生きていけるようになります。その性質を利用し、コロニーをうまく作るように植えるテクニックがあれば、テラリウムでなくても屋内で苔を育てることができ、苔の楽しみはぐっと広がります。

苔鉢

苔を楽しむ最もシンプルな形。テラリウムとは違い、ゆっくりと成長します。お部屋で楽しむのであれば、乾燥に強いホソバオキナゴケなどがおすすめ。土に密着した状態を保てれば、育てるのはそれほど難しくありません。

苔鉢

苔盆景

鉢に苔や石、砂などを配置しミニチュアの景色を作ったもの。部屋で育てるのであれば、乾燥に強いホソバオキナゴケが比較的扱いやすいです。日当たりのよい場所で育てるのであれば、スナゴケなどもよいでしょう。

苔盆景

コケムスビ

コケムスビ

苔を特殊な方法で丸めたもの。一種類の苔で作ってもよいですが、さまざまな苔を混植することで、グラデーションができ、より美しく賑やかになります。好きな場所にちょこんと乗せて楽しめるのも魅力です。

リース

根を持たない苔は、使い方次第でさまざまなアレンジができます。エバーグリーンが好まれるクリスマスリースにも常緑の苔が活躍。いろいろなデコレーションをしても楽しいでしょう。

リース

小さな緑との暮らしが見つかる場所

「苔むすび」

苔テラリウムや苔鉢など苔のインテリア制作、教室、苔庭の作庭など、苔について広く扱う専門店。店舗は江ノ電の線路近くにある鎌倉の古い民家。店内には販売している苔テラリウムのほか、さまざまな苔の作品が展示されており、苔の可能性の広さを感じさせてくれます。庭にはミズゴケの湿原庭園や小さな苔庭も。また、鎌倉の苔寺ともいわれる「妙法寺」も近く、鎌倉の苔散策の途中で寄るスポットとしても注目。テラリウムをはじめ、苔をより深く学べる教室も頻繁に開催している。

テラリウム作りに便利な道具や材料なども購入できる。

苔テラリウムや苔関連グッズなどが並んでいる。初心者はできあがったテラリウムを育ててみることから始めて、苔に親しんでみては？

苔に関するワークショップも開かれている。日時などの詳細は「苔むすび」ホームページにて。

古民家をリノベーションした居心地のよい店内。テラリウム以外にも苔庭や苔を使った作品を見ることができる。

苔の作品はアトリエを兼ねた店内で制作されている。購入した作品のメンテナンスも受け付けている。

世界初の技術で施工したミズゴケ湿原庭園。

「苔むすび」ホームページ
http:// www.kokemusubi.com

はじめての苔テラリウム

園田純寛 そのだ すみひろ

北海道大学大学院卒業(農学修士)。大学では苔を含む植物の生理生態、微生物との関係の生態化学的研究等を行う。メーカーで研究開発に従事した後、独立、「苔むすび」として活動を始める。2018年、鎌倉に店舗・教室をオープン。主催する教室「苔むすびの会」では、苔テラリウムの他、様々な苔の育成技術、作品制作等の指導にあたっている。また、店舗併設の庭に人工ミズゴケ湿原を設置、貴重な湿原環境の啓蒙に活用している。

企画・編集	マートル舎 篠藤ゆり 秋元けい子
撮　影	竹田正道
写真提供	園田純寛
イラスト	梶村ともみ
デザイン	高橋美保
企画・編集	成美堂出版編集部
特別協力	安元祥恵 (PORTER SERVICES グリーンプランナー)
協　力	稲子克子　上野潤二　池田英彦　立花ゆり 有限会社 モス・プラン(苔生産者/日光)
撮影協力	Dahliacyan (Leather&Silver&Crafts, Antiques/鎌倉) THE GOOD GOODIES (珈琲専門店/鎌倉)

はじめての苔テラリウム

著　者　園《その》田《だ》純《すみ》寛《ひろ》

発行者　深見公子

発行所　成美堂出版

〒162-8445　東京都新宿区新小川町1-7

電話(03)5206-8151 FAX(03)5206-8159

印　刷　凸版印刷株式会社

ISBN978-4-415-32644-3

落丁・乱丁などの不良本はお取り替えします

定価はカバーに表示してあります